Pequena Lô

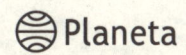

Na dúvida, escolha ser feliz

Planeta

Copyright © Pequena Lô, 2023
Copyright © Editora Planeta do Brasil, 2023
Todos os direitos reservados.

Organização de conteúdo: Brígida De Poli
Coordenação editorial: Juliana Cury | Algo Novo Editorial
Preparação: Vitor Castrillo
Revisão: Ligia Alves e Fernanda Guerriero Antunes
Projeto gráfico e diagramação: Vanessa Lima
Capa: Eduardo Foresti | Foresti Design
Ilustrações de miolo: Elivelton Reichert

Dados Internacionais de Catalogação na Publicação (CIP)
Angélica Ilacqua CRB-8/7057

Pequena, Lô
  Na dúvida, escolha ser feliz / Pequena Lô. – São Paulo: Planeta do Brasil, 2023.
  160 p.

  ISBN 978-85-422-2376-7

  1. Pequena Lô – Biografia 2. Influenciadora digital – Biografia 3. Pessoas com deficiência – Biografia I. Título

  23-4350   CDD 920.72

Índice para catálogo sistemático:
1. Pequena Lô – Biografia

Ao escolher este livro, você está apoiando o manejo responsável das florestas do mundo.

2023
Todos os direitos desta edição reservados à
EDITORA PLANETA DO BRASIL LTDA.
Rua Bela Cintra, 986 – 4º andar
01415-002 – Consolação
São Paulo-SP
www.planetadelivros.com.br
faleconosco@editoraplaneta.com.br

Para todos aqueles que precisam apenas de um segundo de coragem para irem atrás dos seus sonhos.

Na dúvida, você já sabe o que fazer!

1.
O primeiro dia do ano: os planos de vida para além da ressaca

Ainda estou aqui deitadinha, com restos da maquiagem e a cabeça fazendo tóim. Abro um olho, depois o outro, e fica tudo bem. Ufa, finalmente o teto parou de girar. Que réveillon foi esse, gente? Mal começou e eu já estava pra lá de Araxá... kkkkk! Ah, não, nunca ouviu falar em Araxá? Sou mineirinha e essa é a minha amada terra natal. Sim, saí de Araxá para o mundo, mas amo voltar sempre que sobra um tempinho.

Onde eu estava mesmo? Ahh, na ressaca, né? Além da bendita ressaca, o dia 1° de janeiro traz aquela sensação de vida nova, de outros planos, né? Claro que vem junto um gostinho amargo do que não deu certo ou do que deixou de ser feito. Mas aí a gente bota um cropped e reage, né, minha filha?

Por falar em planos, você já parou para pensar no que está por vir? Fico aqui desejando ter uma bola de cristal que me mostre o que vem pela frente, mas, de verdade, eu sei que o futuro a gente constrói pulando da cama e fazendo acontecer. Se tem algo que aprendi nesses meus quase 30 anos bem vividos foi que confiar em mim mesma é o melhor caminho; aliás, o único caminho para construir uma história que realmente mereça ser contada.

Se eu já duvidei do meu talento? Ahhh, você nem imagina o quanto. Já fui protagonista de vários tipos de síndromes. A da impostora, então, conheço bem...

A vida que você vê nas minhas redes é só um pequeno recorte da montanha-russa que é viver na minha pele. É claro que eu, você, todo mundo, preferimos mostrar o lado glow do dia a dia, mas fica a pergunta: e fora dos stories, estamos bem mesmo? (Rindo de nervoso.)

Neste livro, reúno o que sempre esteve fora do story, o que ninguém viu, mas que vai comigo para a cama todas as noites. É um papo sincero, de Lô para você, mostrando que os desafios de ter uma vida que merece ser vivida são mais comuns do que você pode imaginar, e se conseguirmos arrancar alguns sorrisos no meio do caminho ela com certeza vai ser mais leve pra todos.

Eu aqui, bem garota, filosofando, e do nada minha mãe entra no quarto batendo porta e abrindo janela. Não basta a humilhação da ressaca, ela ainda ri da minha cara borrada. Eu? Acabo caindo na risada com ela.

Aprendi a rir de mim mesma faz tempo... e o efeito disso? É um dos meus segredos para lidar com esse mundão que tá lá fora. Dizem que a vida é uma festa – e disso eu entendo bem –, mas a vida real também tem seus dias de ressaca. Há momentos em que queremos mudar o mundo e outros em que mal conseguimos levantar da cama. Acredite, é assim com todo mundo e tá tudo bem. Nas próximas páginas, você vai conhecer uma Lô que é mais parecida com você do que pode imaginar. Ahãm, é isso mesmo.

Tá curioso? Então embarca na motinha comigo que essa aventura tá só começando.

Os desafios de ter uma vida que <u>merece ser vivida</u> são mais comuns do que você pode imaginar!

- ☐ me exercitar
- ☐ ~~estudar algo novo~~
- ☐ focar nos meus projetos
- ☐ ~~escrever um livro~~
- ☐ viagem internacional
- ☐ ~~conhecer novas pessoas~~

2.
Minha mãe, minha amiga

Hum... estou sentindo aquele cheirinho inconfundível vindo da cozinha, da lasanha de peito de peru feita pela minha mãe. Ninguém faz uma tão deliciosa como a dela. Lá se vai minha dieta, vou comer um montão. Depois, eu que lute!

Aproveitando, vamos falar DELA?

Sabe aquele ditado "mãe é mãe"? A minha é mais que isso: é mãe, amiga, assistente, companhia, apoio... Devo a ela e ao meu pai o que sou, o que me tornei, mesmo diante dos obstáculos da vida.

Minha mãe nunca teve vergonha da minha condição de pessoa com deficiência[1] e sempre me levou para todo e qualquer lugar. Isso me ajudou a entender que pessoas com deficiência podem chegar aonde elas bem entenderem, sim. Fui criada com amor, mas sem superproteção, o que me fez ter autonomia. Ela é mesmo incrível. Teve que aprender na prática a lidar com a transformação de uma filha que pulava e corria para todo lado na menina que precisava usar muletas e a motinha pra ir de um lugar a outro. E mamis ali, firme e forte, sem fazer grandes dramas.

Só agora, durante a escrita deste livro, por exemplo, descobri que ela sofreu muito por achar que eu poderia estar me sentindo inferior por não usar salto alto.

---

1 Hey, você aí! Sabia que PCD significa pessoa com deficiência? Pois bem, a sigla engloba a palavra "pessoa". Por isso, toda vez que usar esse termo, basta usá-lo, sem dizer "pessoa PCD".

Na época ela não me falou disso, para não colocar minhocas na minha cabeça. E ela estava certa em não falar, pois encarei aquela situação numa boa, como conto para você no próximo capítulo.

Ela nunca me disse que eu não teria capacidade de fazer alguma coisa, me incentivou na carreira de humorista desde os primeiros vídeos, me deu asas para voar mesmo que isso significasse ficarmos longe uma da outra quando decidi fazer faculdade de Psicologia; me amparou quando a fama cobrou seu preço e me apontou o caminho quando fui alvo dos haters na internet.

Consegue imaginar quem é a minha mãe? Ela é essa mulher que escolheu me ver feliz, ganhando o mundo, mesmo que isso significasse ela ter sempre de escolher vencer os próprios medos e construir rampas para que eu pudesse passar.

Aliás, ela literalmente chegou a construir uma rampa para que eu conseguisse acessar a entrada da universidade em Uberaba. Como ter de passar por cima do medo de me ver morando em outra cidade, sozinha e estudando, era pouca coisa para dona Rose, ela ainda construiu uma rampa para que eu pudesse chegar à faculdade sem depender de outras pessoas. Isso é ou não é apoio? Confiança? E coragem?

É, e eu nem sei como agradecer. Só me resta seguir o que ela me ensina desde novinha:

— Minha filha, pense assim: as únicas opções que você tem são: ser feliz ou ser vítima de julgamentos de

Você não precisa ir muito longe para encontrar suas inspirações. Na maior parte das vezes, elas estão bem do seu lado. Quem te inspira a ser uma versão melhor de si mesmo?

pessoas que, na maior parte das vezes, nem te conhecem. Esses dois caminhos sempre vão existir, mas o único que importa é o que você escolher seguir. Vai escolher ser julgada pelo outro? É ruim, hein? Escolha SER FELIZ.

Fico imaginando agora o quanto ela deve ter ficado preocupada quando decidi mudar de Araxá para estudar em Uberlândia e, depois, em Uberaba. Mas ela aguentou firme e me deu forças para ir atrás do sonho de fazer faculdade de Psicologia, mesmo abrindo mão de ter a filha dela por perto. Quando se separou do meu pai, ela foi morar comigo em Uberaba. Enfrentamos um período difícil, em que ela trabalhou como babá para manter a mim e à minha avó, que também foi viver conosco depois do falecimento do meu avô.

E aí, você acha que dona Rosemary é "só" isso?

Na-na-ni-na-não!

Aos 40 anos minha mãe decidiu voltar a estudar, gente. Formou-se em Pedagogia e foi trabalhar em uma escola. Dá pra saber a quem puxei, né?

3.
Luz na passarela que lá vem ela

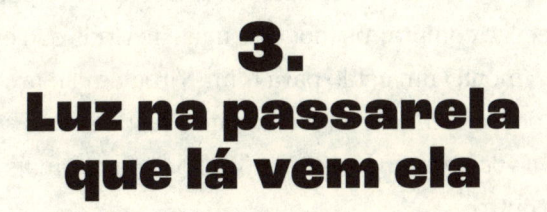

Desculpe aí, gente, mas minha coleção de tênis já ficou famosa! Ela começou como naquela velha história de fazer do limão uma limonada, sabe? Ou uma caipirinha, que é melhor...

Explico: usar salto alto sempre foi incômodo para mim. Quando ia nas festinhas, onde as outras garotas se equilibravam em cima de saltos absurdos, eu usava esses calçados confortáveis. (Alguém sabe quem foi o gênio que inventou os tênis? Merece uma estátua em praça pública.) Comecei a comprar os modelos mais incríveis que encontrava e montei um estilo para mim. Virou uma marca. Até hoje, posso estar numa festa com o vestido mais sofisticado, e você me verá de tênis. Tenho cada par mais lindo que o outro.

Não me canso.

Agora, veja: eu só soube há pouco tempo que, quando eu era adolescente, minha mãe ficou triste ao me levar a uma festinha onde todas as outras meninas usavam sapato alto. Na cabeça dela, eu ficaria triste por estar diferente das outras meninas.

E eu?

Bom, eu estava diferente mesmo, ainda bem! Mas estava longe de estar triste. Estava me achando a rainha do estilo: era a única com tênis nos pés. Pronta para curtir a noite e fazer o que eu bem entendesse porque estava confortável em mim, com a minha roupa e os meus sapatos.

**A mesmice é um tédio,
a autenticidade é atraente.
Não tenha medo de ser
quem você realmente é.
A graça e a beleza da vida
estão justamente
em experimentar
ser você de verdade.**

Quando perguntam qual o segredo para ter a autoestima elevada, a primeira coisa que me vem à cabeça é "não queira ser o que você não é". Seja única.

Sem falsa modéstia, sou estilosa desde novinha e devo isso à minha mãe. Ela sempre me vestiu bem, tipo bonequinha, sabe? Nos aniversários, eu virava a Minnie ou outra personagem, com direito a luvinhas e tudo. Na vida adulta não perdi a vaidade. Ao contrário, me cuido cada vez mais. Tem gente que acha que pessoa com deficiência não pode se arrumar, ser fashion, ficar mais bonita.

Tudo bobagem.

Somos mulheres com os mesmos anseios das demais.

Procuro estar sempre de bem com o espelho. Gosto de usar maquiagem, invisto bastante nisso. Mas tem aqueles dias em que quero ficar de pijama e pantufas, cara lavada. Aí, apareço desse jeito mesmo. É bom dar um tempo para a pele do rosto.

Fico conversando com você sobre isso e me dando conta de que fiz escolhas favoráveis a mim mesma.

Por que provocar a dor na tentativa de ser igual a todo mundo?

Eu sou eu, com minhas limitações. E você aí do outro lado, é perfeito?

Eu espero que você se reconheça nas suas qualidades e nas suas limitações. Isso vale para todos os aspectos da nossa vida. Preserve-se do que é possível. O que não for possível, enfrente. Acima de tudo, coloque-se em primeiro lugar. A sua opinião sobre você mesmo deve ser a mais importante.

4.
Meu pai manda beijos para os *olhudos* de plantão

Assim como minha mãe, meu pai também me explicava que o fato de eu ser diferente não me fazia inferior a ninguém. Fui aprendendo desde cedo a lidar com o capacitismo, mesmo quando essa palavra ainda nem era comum. Hoje se fala mais sobre isso, que, em linhas simples, significa discriminar ou ofender uma pessoa devido à sua deficiência. Desde cedo comecei a perceber que me olhavam com curiosidade quando a gente saía pra passear. Um dia, estávamos no shopping e meu pai me ensinou da forma mais amorosa e menos revanchista possível a lidar com esses olhares.

— Jogue um beijo para quem estiver olhando muito para você, minha filha.

Mais de vinte anos depois daquele dia no shopping, ainda carrego comigo a lição de não temer ser quem sou, nem me constranger pelos *olhudos*. Se hoje tenho a autoestima elevada, devo muito a meus pais, que não esperaram acontecer: eles tomaram a iniciativa de fazer o que era preciso quando descobriram minha condição. Pode parecer óbvio, mas é bom repetir: a aceitação da pessoa com deficiência precisa começar em casa, e meu pai foi um mestre nisso.

E se engana quem pensa que meu pai foi fundamental apenas na minha infância. Até hoje ele se preocupa com o meu bem-estar. Sabe aquela pessoa que só fica bem quando tem certeza de que as pessoas que ama estão bem também? O meu pai é essa pessoa. Ele não sossega enquanto não tem certeza de que eu estou bem.

Ele é assim, o tempo inteiro:

Hélio: *Lô, achei uma casa perfeita pra você. Térrea e espaçosa, dá pra viver tranquilo.*

Lô: *Pai, comprei a casa. Vamos comemorar.*

Hélio: *Essa casa é muito grande, vai dar trabalho pra Lô quando ela for mais velha. Melhor ver outra coisa.*

Lô: *Pai, relaxa. Eu nem sei se quero morar nessa casa pra sempre.*

Hélio: *Mas e se morar? Tem que ficar tudo certinho, tudo fácil pra você. Vou ajeitar tudo pra você.*

Numa festa:

Hélio: *Precisa ver se a Lô tá confortável, se ela comeu. Não vai ficar sem comer e passar mal.*

Lô: *Pai, eu tô bem, mas a carne do churrasco tá congelada.*

Hélio: *Kkkkk, é mesmo. Sua tia esqueceu.*

Tudo isso aconteceu de verdade. E ele sempre, sempre, se preocupa comigo, está sempre se antecipando pra saber se eu vou estar bem lá na frente. Às vezes sou até injusta – minha vó é prova disso –, porque brigo com ele por esse excesso de cuidado.

A gente tem dessas, né? De querer ser forte o tempo todo... é besteira isso. A gente é forte, mas amor e cuidado nunca, nunca são demais.

Eu sou a prova viva da importância do apoio e do amor familiar.

Muito obrigada, mãe.

Muito obrigada, pai.

Muito obrigada, minha grande família. São 1.530 integrantes, pra ser exata. Kkkkk.

Na dúvida, escolha ser feliz.

5.
O passado já passou

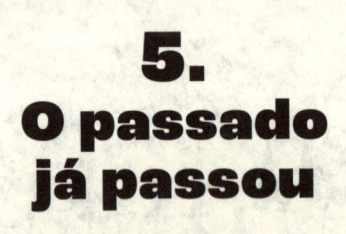

Você pode estar se perguntando: a Lô não vai explicar a condição de PCD dela, falar dos tratamentos e das cirurgias no livro?

Olha, não tenho constrangimento algum em conversar sobre esse assunto. A única coisa que não gosto é de perceber no ouvinte um sentimento de pena ou de ver cara de consternação. Não me enxergo como vítima, detesto ser vista como coitadinha. Porque não sou. A vida é como é. Ela nos apresenta coisas boas e más e não há alternativa a não ser encarar o que ela nos impõe.

Foi assim quando meus pais ouviram do médico, após um ultrassom durante a gravidez, que meus membros eram mais curtos do que o usual para um bebê. E alertou que isso poderia me trazer problemas de locomoção no futuro. A notícia foi um choque, mas ali começava a luta para fazer o melhor para a filhinha deles. Minha mãe optou pela cesárea por ser um método mais seguro no caso. Deu tudo certo, mas, mesmo depois do nascimento, a causa do encurtamento dos membros continuou desconhecida. Os médicos se referiam apenas a um problema maior na minha perna direita.

Começaram inúmeras consultas e exames já aos 8 dias de vida e também episódios sérios de febre alta. Imagine só: um bebê recém-nascido, que já tinha levantado o alerta de todos antes de nascer, ao chegar ao mundo, passa a ter febre alta e hipotermia? Esse foi o início da minha vida. Meus pais e meus avós estavam apavorados, não sabiam o que fazer. Os médicos não sabiam dizer o que eu tinha, então era um vai e volta do hospital sem fim. O medo e a preocupação não abandonavam a vida dos meus pais e dos meus avós, e os exames não acabavam. Pra você ter ideia, chegou uma hora em que não dava mais para tirar sangue do meu braço; tiveram que raspar minha cabeça pra fazer exame.

É difícil até de contar essa fase da minha vida.

O tempo passou e, finalmente, descobriram que eu era alérgica ao leite materno. Na época ninguém imaginava que o bebê poderia ter alergia ao leite da mãe.

Se a vida começava assim, meio difícil, para falar, tudo parecia o contrário. Comecei a falar bem cedo – e não parei mais... kkkkk –, mas só comecei a andar quando já tinha 2 anos. E aqui quero esclarecer: eu andava, corria e pulava sem o auxílio de nada, muleta ou qualquer outra coisa. Movia braços e pernas sem nenhum tipo de impedimento. Fazia fisioterapia apenas porque era parte do tratamento. Para você que não sabia, vou dizer: eu já andei sem muletas, o que significa, sim, que perdi os movimentos dos membros inferiores.

O hospital onde eu fazia fisioterapia ficava a cinco horas de viagem. Precisávamos ir lá uma vez por semana. Enfrentei coisas como usar um aparelho parecido com um suspensório, durante seis meses, para alinhar meu quadril.

Apesar de tudo, tive uma primeira infância muito alegre, ainda caminhava e pulava de um lado para o outro,

A vida é como é:
às vezes nos apresenta coisas boas; noutras, nem tão boas assim.

corria com os amiguinhos, dançava. Apenas a tal perna direita repuxava um pouco. Eu me sentia uma criança como as outras, meus pais me olhavam e me tratavam como tal, então não sei dizer com que idade me percebi com uma condição diferente. Essa consciência deve ter vindo por causa da curiosidade e das perguntas, sem resposta, dos coleguinhas e mesmo dos adultos.

6.
De repente, tudo muda

Aos 7 anos, fiz a primeira cirurgia para soltar os tendões da perna direita e facilitar minha locomoção. Depois dela, vieram outras quatro cirurgias. Na penúltima, aos 11 anos, tudo mudou. O sacrifício de ficar 45 dias deitada, engessada do peito para baixo, não trouxe os resultados esperados, muito pelo contrário.

Nesse longo período de recuperação, estive cercada por amigos e primos tentando me animar, encenando peças de teatro ou simplesmente batendo papo. Eu buscava forças na ideia de que aquela seria a última cirurgia, a definitiva.

Chegou o dia tão esperado da retirada do gesso. Eu esperava alívio, mas passei a ter dores muito fortes cada vez que esticava a perna. Não conseguia mais andar. Novos exames mostraram um parafuso que precisava ser removido. Aí, veio a quinta cirurgia, na qual implantaram um pino que atravessava o joelho. Ele ficava exposto, amarrado a um galão de cinco litros, como forma de tracionar minha perna para que ficasse esticada. Foram mais trinta dias deitada em casa, tentando me recuperar.

Não sou vitimista, mas você consegue imaginar o que se passava na minha cabeça de criança naquele momento, né? Eu era apenas uma menina, tendo que suportar dores sem limites, físicas e emocionais, sem entender direito por que eu tinha que passar por tudo aquilo.

Sentir medo faz parte da vida. Reconhecer e acolher é a melhor forma de lidar com ele.

Mesmo com todos os esforços, não voltei a andar. Para os meus pais foi devastador. Eu evitava chorar na frente deles, me fazia de forte, mas as consequências psicológicas apareceram. Passei a ter crises de pânico, acompanhadas do medo de morrer, de não sobreviver a mais uma cirurgia. Minhas idas e vindas ao hospital me fizeram desenvolver uma espécie de hipocondria. Se ouvisse falar sobre alguma doença, eu já achava que tinha contraído também. Vivia com o coração na boca!

De todos os meus medos, sentir o medo em si foi o pior deles. Mas a vida me obrigou a encará-lo e a lidar com ele.

7.
Meu Pequeno Grande Lô

Quando eu soube que a nova esposa do meu pai estava grávida, levei um susto. Sempre imaginava como seria bom ter um irmão quando meus pais ainda estavam casados. Mas a notícia veio em outro momento, e tive sentimentos no mínimo conflitantes...

Bem, se tive alguma dúvida, foi só até meu irmãozinho nascer. Quando vi a primeira foto dele, chorei muito. O rostinho do Enzo era parecido com o meu. Foi amor à primeira vista. Sabe o mais incrível? Mal tirou as fraldas e já mostrou inclinação para o humor. Ele também gosta de rir e de fazer os outros rirem. É praticamente um Pequeno Lô... kkkkk. Será que vem aí um minimim?

Aprendi com a chegada dele que podemos ser surpreendidos por um amor repentino, imenso, se deixarmos para trás sentimentos menores. Aprendi com o meu irmão o que é realmente o amor, o que o amor puro nos ensina. Ele me ensinou, ainda sem saber falar e andar, que eu posso demonstrar amor pelo outro. Ele faz isso não só pelas atitudes, mas com palavras de carinho – ele é carinhoso com todos que ama, diz "eu te amo" quando bem entende, e isso é lindo.

Quer lição mais bonita que essa?

Às vezes nós, adultos, temos medo de dizer "eu te amo" para as pessoas mais importantes da nossa vida.

Enzo se tornou a alegria e o elo das nossas famílias; com sua pureza, nos ensina todos os dias que a diferença

O amor é sempre a melhor resposta para combater qualquer tipo de preconceito. Você já se surpreendeu com o amor onde achava que ele não poderia existir?

está no olhar do outro. Para ele não existe diferença, capacitismo ou qualquer coisa que remeta a preconceito.

Morro quando ele me chama de Ioiô, coisa mais linda!

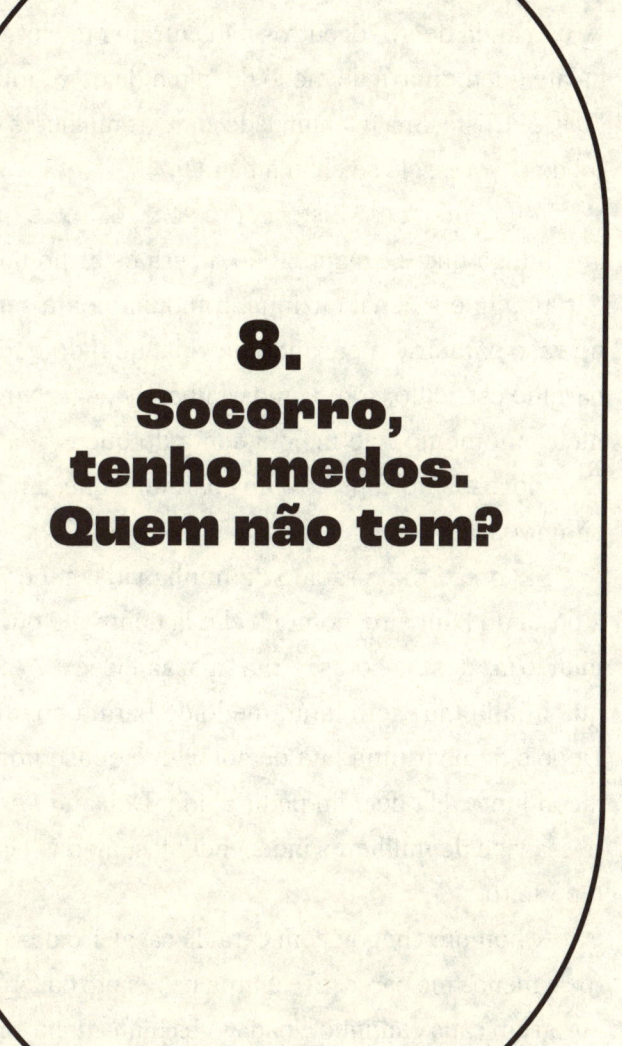

8.
Socorro, tenho medos. Quem não tem?

Tenho meus medos. Quem não tem, né? Tem gente que não anda de avião, outros não entram em elevador e há até quem morra de medo de "alma de outro mundo". Mas, se existe uma unanimidade entre as mulheres nesse rol de pavores, ela se chama ba-ra-ta.

Vou contar uma história pra você, e, antes que alguém diga que é exagero, não queira estar no meu lugar. Imagine a cena: euzinha, tranquilamente sentada no vaso sanitário, pensando na vida, quando ouço um barulho estranho, como um farfalhar de asas. Num primeiro momento não me dei conta do que era, até ver ELA pousada no espelho. Uma baratona que, ainda por cima, voava!

Fiz o xixi mais rápido da minha vida, saí e fechei a porta do banheiro, com o bicho lá dentro. O que todo mundo faz nessas horas? Grita "maaaanhêêê"... Acontece que minha mãe tem tanto medo de barata quanto eu. Depois de usar uma lata de spray que quase nos intoxicou junto, ela decidiu pedir ajuda. Deixando de lado nossa vibe de mulheres independentes, mamis chamou o porteiro.

O homem chegou com cara de cavaleiro destemido (pelo menos me pareceu) e entrou no recinto da fera. Procurou em cada cantinho e nada. A bichinha tinha sumido, evaporado. Talvez tivesse fugido pela janela, chapada pela sprayzada. Minha mãe fez carinha de cachorro que caiu

Não há nada de errado em ser vulnerável. Ao contrário, só <u>os fortes são capazes de mostrar</u> as suas fragilidades <u>e lidar com elas.</u>

VOCÊ É UMA MÁQUINA DE VENCER

do caminhão da mudança, agradeceu o nosso "herói" e, mais tranquilas, voltamos à nossa rotina.

Fiquei pensando no que tinha acontecido e entendi que não é vergonhoso pedir ajuda quando a gente não consegue resolver algo sozinha. Minha mãe tentou, não conseguiu. Se ela não tivesse recorrido ao nosso valoroso amigo da portaria, íamos passar dias com medo de usar o banheiro!

Isso vale pra tudo na vida. **É legal a gente buscar força interior para vencer obstáculos, mas não devemos ter pudor de procurar ajuda.** Uma mão, um ombro amigo, um ouvido acolhedor, não nos diminuem. Ao contrário. Isso ficou claro para mim quando tive ataque de pânico e crise de ansiedade. Sem auxílio profissional e afetivo, eu teria sucumbido. Mas essa é uma história que vou contar mais adiante.

Por enquanto, sugiro: não se envergonhe de mostrar fragilidade. Olhe ao redor e veja quem pode estender a mão a você. Seja para enfrentar baratas voadoras, seja para lidar com as dores da alma.

Um conselho: mantenha sempre uma lata de spray à mão e o interfone funcionando.

9.
Rir é bom, fazer rir é melhor ainda

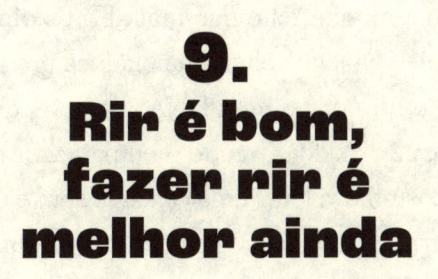

Kkkkk... Ouvir a risada de alguém quando faço uma piada me deixa muito feliz.

A-do-ro fazer os outros rirem.

Muita gente me pergunta se busquei apoio no humor para enfrentar os obstáculos da vida, amenizar a dor e encarar as cirurgias.

E a resposta é sempre a mesma: não, não busquei, ele nasceu comigo. Acho que mal abri os olhinhos na maternidade e já logo soltei uma piadoca pro médico.

Trago o humor no meu DNA. Cresci – quer dizer, nem tanto, né? Kkkkk – vendo meu pai fazer piadas de tudo. Ele costumava levar uma caixa de som e microfone nos encontros de família pra gente cantar e contar piadas. E eu era uma miniestrela, com meu cabelinho arrumado em tererê... Kkkkk... esperando ansiosa a minha hora de pegar o microfone. Apareço nos vídeos caseiros com 2, 3 anos, louca pelo palco!

Nas entrevistas, sempre querem saber onde encontro matéria-prima para meus esquetes.

A minha resposta é sempre a mesma: em tudo, em qualquer coisa. Costumo dizer que, pra alguns, o que acontece no cotidiano talvez seja apenas o cotidiano, e pra mim? Pra mim é um grande detalhe que pode virar conteúdo, fazendo as pessoas se identificarem com uma situação e terem uma memória desbloqueada! Como não prestar atenção? Tem sempre aquela tia que gosta de fazer as dancinhas dos anos 1980 em qualquer ritmo musical. Ou aquele parente que não te vê há anos e a primeira coisa que faz é uma entrevista de emprego para saber como você está.

Sou superobservadora, vivo com o radar ligado. Há sempre um ângulo divertido no comportamento humano. Me orgulho de ter furado a bolha e de não precisar fazer piadas capacitistas pra atingir o sucesso. Apelar para conquistar fama a qualquer custo não é comigo. Dignidade é uma coisa inegociável. Gosto de ser vista como a Pequena Lô, a humorista, a influencer, a empresária, a mulher, bem antes de ser a PCD.

Durante muito tempo, meu público fiel foi a minha família. Era algo descompromissado, confortável. Em 2020, tudo mudou. Os vídeos que eu postava nas redes sociais desde 2015, por incentivo do meu primo, começaram a viralizar. De hobby virou uma atividade profissional, e com ela veio a responsabilidade. Me dei conta de que eu precisava ser ainda mais cuidadosa com o que ia falar. O público que me acompanha nas redes inclui crianças e adolescentes. Querendo ou não, a gente vira uma referência para eles. É preciso redobrar o cuidado.

Além do meu pai, não sei dizer bem quais são minhas influências. Rio com muita gente, mas, se fosse para destacar dois, seriam Tatá Werneck – que agilidade mental, meu Deus – e Whindersson. Mas há tantos comediantes brasileiros talentosos que fica difícil eu citar todos aqui.

Uma coisa eu garanto a você: adoro meu trabalho! Mas apelar para ficar famosa a qualquer custo não é comigo.

Sou exigente comigo mesma na hora de produzir conteúdo, aliás em tudo, como minha querida avó, Maria Rosa, me contou. Eu era criança quando ela tinha um armazém onde vendia torresmo, caldo de feijão, almôndegas e outras delícias. Um dia, o lugar estava muito cheio e ela me pediu ajuda para enrolar as almôndegas. Vovó disse que foram os bolinhos de carne mais perfeitos que ela já tinha visto. Ai, Lô, perfeccionista até para fazer almôndegas? Pensa na hora de gravar um vídeo! Muito obrigada a minha equipe pela paciência. Amo vocês.

Dignidade é uma coisa inegociável.

10.
De Araxá para o mundo

Já dei um panorama geral sobre o que esperar da vida "independente". Esse know-how eu trouxe dos tempos em que decidi estudar em outra cidade. Nasci e cresci em Araxá, uma linda e tranquila cidade mineira de pouco mais de 100 mil habitantes. Na verdade, nunca tinha imaginado sair de lá. Quando fiz 17 anos tive a ideia de cursar Psicologia. Decidi tentar na Universidade Federal de Uberlândia e, antes, fazer cursinho pré-vestibular por lá também.

Quando falei desse desejo, meu pai ficou muito preocupado ao imaginar a filhinha dele morando sozinha em uma cidade a mais de 170 quilômetros de Araxá. Outras pessoas da minha família compartilhavam do mesmo receio. Minha mãe – sempre ela – foi quem se fez de forte e me estimulou a encarar o desafio.

Arrumei minha malinha e parti para Uberlândia, uma cidade com quase sete vezes mais habitantes do que a minha terra natal. Nos primeiros cinco meses morei com duas amigas que eram de Araxá, mas logo tive que me mudar. Longe da proteção materna, precisei que tudo fosse adaptado para fazer o serviço doméstico. Aprendi a passar pano na casa, lavar louça, colocar roupa na máquina, coisas cotidianas, dificultadas pelo uso de muletas, mas não deixei de fazer nada. Foi uma experiência incrível. Eu só estudava, quase não saía de casa. O foco estava no cursinho, eu queria muito passar no vestibular.

Na verdade, nunca estive solitária.

Você já deve ter ouvido, mas não custa repetir: quem tem amigos tem tudo.

MUNDO LOGO ALI NA FRENTE

11.
Nada acontece por acaso

Olha, preciso dividir algumas reflexões com você.

Pois é, eu queria entrar na Universidade Federal de Uberlândia. Fiquei frustradíssima quando não passei e a alternativa foi cursar Psicologia em Uberaba. Fui quase de má vontade.

Mas, para a minha surpresa, a Uniube acabou sendo um dos melhores períodos da minha vida! Lá, fiz muitos amigos, alguns que continuam na minha vida até hoje, me diverti como nunca, estudei, aprendi, ganhei meu primeiro dinheirinho atuando na internet, enfim, tudo de bom.

Depois entendi. Eu queria uma coisa, mas o que estava no meu caminho era outra. Se me perguntassem hoje, sabendo o que eu sei, se eu ainda preferia mudar para Uberlândia naquela época, eu responderia: não.

Acredito que tudo que acontece com a gente tem um porquê. Às vezes falam em coincidência, mas não é. É destino.

A médica que me atendia desde a infância contou a experiência dela quando minha mãe foi buscar remédio para bronquite. (Sim, até crise de bronquite emocional eu tive por não ter conseguido passar em Uberlândia. O corpo fala, né, gente?) Ela tinha uma história parecida: queria cursar Medicina numa turma, mas caiu em outra. Estava triste quando falou com Chico Xavier, mas ele disse que um dia ela entenderia que a turma dela era a outra. Mais tarde ela entendeu. Era para ser daquele jeito mesmo. Para mim também. Nunca fui tão feliz.

Não tema o que acontece na sua vida. Pode confiar: o melhor acontece.

12.
Adeus, Uberlândia; alô, Uberaba

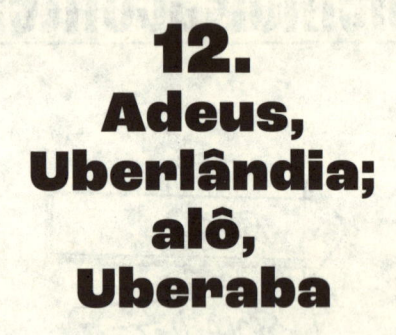

Fiz o Enem pensando em Uberlândia, onde eu preferia morar. Não me classifiquei por pouco, o que me rendeu uma enorme decepção. Fiquei muito mal, como vou contar para você mais adiante. Incentivada pelo meu pai, acabei prestando vestibular para Psicologia em Uberaba. Passei de cara, mas sem entusiasmo. Ele ficou contente porque Uberaba é mais perto de Araxá, e, consequentemente, da minha família.

De novo, arrumei a mala e me mudei para Uberaba.

Eu ia enfrentar o grande desafio de me transformar em universitária, em um ambiente totalmente desconhecido. No início, morei em uma espécie de pensionato, com outra moça e a mãe dela. Elas me ajudaram muito, pois tudo era novo para mim. Eu estudava no curso noturno e sentia um pouco de insegurança para me locomover com a scooter à noite, então decidi trocar pelo turno da manhã. Tive que recomeçar, com outros professores e novos colegas. Acabei fazendo grandes amigos, com direito a "panelinha" e tudo.

Troquei o pensionato por um apartamento com um primo meu e, quando ele voltou para Araxá, passei a morar com duas amigas. Aí, meu querido, foi aquilo: dali pra frente foi só pra trás kkkkk. Brincadeira, mas foi aqui que começou toda a minha vida universitária, quando vivi as melhores histórias, que hoje viraram conteúdo (não perde uma, né, more?) pra eu contar em entrevistas, vídeos... Foram três anos de diversão, baladas e jantares com outros moradores do próprio condomínio, onde formamos uma turma inseparável.

Esteja atento aos sinais. O melhor pode estar bem ali, no seu nariz.

13.
Minha terapia de quatro patas

Eu tinha 13 anos e enfrentava crises de bronquite, acionadas pelos ataques de pânico e pela ansiedade dos tratamentos de saúde, quando meu presente chegou. Ela era uma bolinha de pelos, branca e marrom.

Batizamos a pequena shih tzu de Vida, um nome que combinava com a alegria e o efeito terapêutico que ela trouxe pra minha própria vida. Fui ficando menos ansiosa e as crises respiratórias diminuíram. Tempos depois, ao voltar na médica, ela brincou comigo quando me viu tão bem:

— Vou parar de receitar remédios para os meus pacientes e passar a receitar cachorros.

Nunca mais me separei de Vida. Ela nos acompanhou em cada etapa da minha trajetória e hoje vive conosco em São Paulo. E lá se vão catorze anos. Sei que minha pet está velhinha, e, quando penso que ela pode partir em breve, me dá um aperto no peito. Não me imagino sem a Vidinha pulando do meu lado, mas agradeço a Deus pela dádiva de ter ela comigo esse tempo todo.

Muitas vezes, a solução para o seu problema está em parar e olhar ao seu redor.

14.
Os perrengues de morar sozinha

Quem aí não sonha em morar sozinho? Ter independência, sem papai e mamãe mandando fazer as coisas? Uhuuu... sou dona do meu nariz, tudo é divino e maravilhoso. E, bom, eu poderia ser mais uma integrante do clube dos adultos. "Não conta pra ninguém", mas tô aqui pra contar: na minha vez, ninguém me avisou, e a realidade, caro leitor, é que morar sozinha – no começo – é EITA atrás de VIXE.

Eu vivi essa experiência e descobri os perrengues do dia a dia. Vou te dar a real. Logo de cara, você usa seu direito de deixar a cama desarrumada. Ai, que delícia. Depois, come algo e deixa a louça na pia, pensando: *Amanhã eu lavo*. Aí está o primeiro erro. No dia seguinte, pensa de novo: *Amanhã eu lavo*. Chega uma hora que tem uma pirâmide de pratos e panelas acumulada na pia, criando uma geração espontânea de fungos e similares. E você tem que meter a mão naquilo! Aí, você já começa a descobrir que a liberdade tem seu preço.

Bem, quando você começa a morar só, é exigência universal fazer uma festa de inauguração do seu cafofo para a galera. Convida apenas os cinco amigos mais próximos, mas eles convidam outros dez. De repente, começa a entrar gente na sua casa que você nunca viu na vida. Todo mundo bebe (muito), come, grita, dança, uma animação só. Você até pensa: *Oba, meu rolê foi um sucesso!* No dia seguinte, digamos assim que é melhor arrumar as malas e mudar de apê. Tudo bagunçado, louça suja, restos de comida no tapete... O banheiro, então, nem te conto. Nem adianta ligar para os amigos – aqueles cinco, sabe? – pedindo ajuda. Um vai estar ocupado, outro está mal do estômago porque comeu algo na SUA festa... Você terá que, sozinha e de ressaca, dar conta de limpar tudo aquilo. Que lição! Foi a primeira e também a última festa que patrocinei. Traumatizada, só vou aos rolês na casa dos outros. Eles que lutem.

Outro momento delicado na vida independente é a comida. Se antes você era alimentado pela sua mãe com arroz de forno, lasanha de peito de peru (dois pratos da minha mãe que eu adoro), você vira refém de macarrão instantâneo. E não é só no almoço. Sentiu fome a qualquer hora do dia, taca-lhe miojo. Primeiro com o tempero em pó que vem junto, depois incrementa com requeijão, presunto, o que tiver na geladeira. Você se torna a chef mioja.

Acha que isso é o pior? Pois anota aí: nada vai fazer você sentir mais falta da casa de seus pais do que ficar doente. O adulto pronto para morar sozinho que existia em você simplesmente desaparece. A sua criança interna assume o comando, você fica manhosinha, quer sopinha, mas não tem mamis pra te cuidar. Quem vai ter que tratar de você... PASME... é... você mesmo.

Mas, olhe, a gente acaba aprendendo muita coisa, amadurece. No tempo em que morei desacompanhada, aprendi que a roupa suja no cesto e a louça engordurada na pia não se lavam sozinhas. Dãããã... Além disso, aprendemos a dar valor a quem cuida ou cuidava dessas coisas para nós.

Vale dizer mais um ponto: eu morei sozinha, mas acompanhada. Como assim, Lô? O que é isso? Bom, pra mim, pelo menos naquela época, morar sozinha era morar sem pai e sem mãe. Mas não necessariamente S-O-Z-I-N-H-A. Eu morei com meu primo, depois com amigas. E foi com eles, na companhia deles, que vivi os perrengues e as mais inusitadas histórias. Afinal, nem só de glórias é feita a vida do estudante, né?

Nessa época teve festa, teve jantar cada vez na casa de um, porque louça até se suja, mas quem lava sofre. Teve amigo de condomínio, teve viagem, teve rolê, teve estudo, porque a gente faz farra, mas vai direitinho na aula. TUDO que vivi nesse período teve o dedo dos amigos e do meu primo. Amém por isso!

Por isso eu digo: vai morar sozinho?

Vá feliz, mas nunca se esqueça: na maior parte das vezes, você só fica sozinho se quiser assim.

Crescer é bom, sim, mas não se engane: <u>não é fácil.</u>

A vida é uma pia cheia de louça pra lavar

15.
La chica suelta

Eu até que gostava de festar quando vivia em Araxá, mas depois de mudar pra Uberlândia me dediquei totalmente aos estudos. O pré-vestibular era bem puxado e eu ia de casa pra aula e da aula pra casa.

Em compensação, recuperei aquele tempo de estudo com juros e correção monetária quando mudei pra Uberaba. Conheci uma galera na faculdade e fizemos um grupo de amigos no condomínio. Era assim, ó, gente: todo dia era dia de rolê. Não precisava de nenhum motivo especial pra gente festejar, fosse na balada ou fazendo jantarzinhos para a tchurma toda. O síndico nos odiava e falava as piores coisas a respeito dos estudantes do condomínio, logo nós, tão bonzinhos...

Pra você ter uma ideia, um dos nossos amigos sempre levava fogos de artifício pra soltar no meio da rua quando alguém gritava "partiu balada!". A gente bebia, dançava e ria muito. Eu, preocupada com os excessos dos amigos, fretava uma van para levar todo mundo pra casa. Ninguém ficava pra trás. Claro, também me excedi algumas vezes, poucas vezes, quer dizer... Bem, deixa pra lá...

A gente se divertia muuuito, e algumas histórias nem posso contar aqui porque são impróprias para menores. Vivemos cada momento com intensidade, alegria e profunda amizade. Acho que sabíamos que aquilo nunca mais ia se repetir. A gente era feliz e sabia! A galera

Viva o presente e aproveite cada fase da sua vida: elas não se repetem.

na faculdade e os amigos que fiz no condomínio onde eu morava que me arrastaram para o mau caminho! Brincadeirinha, fui porque gostava. Eu era uma das piores... Brincadeirinha de novo, Deus é mais, gente, kkkkk, porque eu não era uma das piores. Deus me livre!

Até hoje, quando nos reencontramos, rimos muito lembrando de tudo que a gente aprontou naqueles anos universitários. Saudade boa!

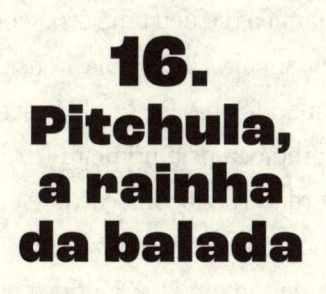

16.
Pitchula, a rainha da balada

❝Você e sua amiguinha querem subir na minha motinha? É que o mundão girou e a vida deu reviradinha/ É que o mundão girou e a vida deu reviradinha/ Agora tô de motinha/ Agora tô de motinha". (MC Lorenzo)

Se as drags maravilhosas do filme têm seu ônibus cor-de-rosa, batizado de Priscilla, a rainha do deserto, eu tenho a Pitchula, que me leva aonde eu quero. Minha vida mudou quando minha família me deu uma scooter de presente antes de eu me mudar para Uberlândia. Pensa numa surpresa boa que meus queridos me fizeram! Me senti empoderada quando subi na motoca pela primeira vez. Acima de tudo, ganhei uma liberdade de locomoção que eu não tinha.

A minha motoquinha eu batizei de Pitchula! Ela me levava para o cursinho em Uberlândia e para a faculdade em Uberaba. Mas, como a vida não é feita só de estudo e trabalho, nós duas aprontamos muito juntas na balada também. Pitchula foi minha parceira até na contravenção. Vou contar pra você: um dia escondi quatro garrafinhas de bebida embaixo da motinha, mas, quando fui entrar na festa, duas caíram. A mulher que fazia a segurança me abordou e disse: "Passa as outras que estão escondidas". Gaguejei, neguei, mas não teve jeito, ela descobriu. Tive que entregar. Ainda bem que ela não apreendeu a minha comparsa por formação de quadrilha... kkkkk.

Quando uma garota bateu de carro na Pitchula, que estava estacionada na frente de uma loja, precisei mandar

Se não existem caminhos, crie-os. Mas não deixe de realizar os seus sonhos.

pro conserto e fiquei sem ela alguns dias. Ai, que falta ela me fez! Não consigo viver sem minha motoquinha.

Tivemos grandes momentos juntas, mas na Farofa da Gkay nós duas entregamos tudo. Subi no palco com ela e todo mundo entrou no agito. Que momento, gente! A Pitchula se tornou a rainha da festa. Ainda bem que ela não fala, senão eu estaria enrascada... kkkkk.

Falando sério: sei que sou privilegiada por ter como me locomover. Nem toda pessoa com deficiência ou mobilidade reduzida pode comprar uma motinha elétrica. Mas pensa que eu me contentei só com a motinha? Não. Eu queria carro, automóvel, coisa pra chegar longe. E aí veio a ideia:

Lô, você tirou carta?, você deve tá pensando aí do outro lado.

Sim, amor, eu tirei a CNH e fui com tudo.

Eu queria ir longe, sempre quis, e a habilitação ia me possibilitar isso. De novo, eu sei que custa dinheiro, mas abrir espaço onde não tem me move a seguir em frente.

Fiz as aulas, estudei, fiz o exame psicotécnico. E qual a surpresa?

Passei de primeira.

Além disso, tem a parte legal: é preciso tirar carteira especial e tudo mais. E isso custa dinheiro. Outra dificuldade é a falta de acessibilidade e as calçadas estreitas, muitas vezes, nos obrigando a descer para o meio do tráfego pesado. Tudo isso precisa ser revisto para tornar PCDs mais autônomas e livres.

17.
Meu passado me condena

Quem me vê nas redes, ou falando nos podcasts e entrevistas, pode achar que sou uma boa moça, sempre aquela fada sensata... Olha, às vezes até sou, mas já fiz algumas coisas que é melhor deixar quietas. Como estou abrindo meu coração para você neste livro, vou contar alguns dos meus "podres". Só não espalhe, ok, galera?

Eu cresci recebendo olhares de curiosidade. Lembro de uma vez quando eu tinha uns 10 anos e estava no shopping com a minha mãe. Um homem ficou me encarando tanto que andou sem olhar pra frente e acabou batendo a cara numa porta. Eu dei muita risada. Já era debochada desde criança.

Um dia, em uma festa – não vou dizer qual –, eu estava apressada, tentando passar com a minha motinha, e tinha um cara parado bem no meio do caminho. Pedi licença e o mal-educado respondeu que não ia sair. Manobrei a Pitchula e... passei por cima do pé da mala, sem dó. Pelo retrovisor ainda vi o cara sair xingando e pulando numa perna só. Dessa vez me esforcei pra não rir porque quero ir para o céu.

No próximo capítulo, vou falar da invasão por não PCDs dos banheiros com acessibilidade, acredita? Pois é, depois de esperar muito e pedir para a pessoa sair de um deles, sem resposta, eu apertada pra fazer xixi, e nada... dei uma "muletada" na porta que todo mundo se assustou. A invasora, que podia usar qualquer outro banheiro, saiu caladinha e de cabeça baixa. Minhas muletas têm mil e uma utilidades.

Quem tem passado tem história.

Minha vida é uma festa

Uma noite, o rolê estava meio desanimado, mas depois de alguns gins-tônicas minha best e eu resolvemos apostar quem beijaria mais boys na festa. Beijei um, dois, três... ganhei a aposta quando passei de dez! Uhuuu...

18.
Lô, mas você gosta de tudo?

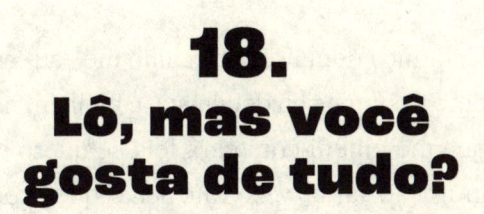

Não. Não gosto, querido. Inclusive, de cabeça, tenho aqui na minha listinha:

TRÊS COISAS QUE EU ODEIO!

E vale pra eu não me esquecer, claro, mas também pra dizer sempre que me perguntam.

Aliás, falando nisso, já me pediram em podcasts para contar três coisas que eu odeio. Na hora, lembrei dessas – coincidência? Ainda tá valendo.

1. Cobrança demais no trabalho me estressa. Mas, devo assumir, sou detalhista, e também não gosto que me olhem com cara feia se quero repetir a gravação várias vezes até achar que ficou bom.
2. Detesto gente folgada, daquelas que vivem pedindo ajuda, mas, se você precisar, esquece. A recíproca não é verdadeira.
3. Quer me ver de mau humor? Tente conversar comigo assim que acordo. Quanto mais animado for o conversador, pior. Preciso de tempo para me espreguiçar e voltar ao mundo devagar.

Obs.: tem outra coisa que pra mim é o pior do pior: a mentira. Odeio mentira e desonestidade.

É impossível gostar de tudo e de todos o tempo todo. Se alguém diz isso, está mentindo.

19.
É treta!

Contei três coisas que me irritam, mas há outras que realmente me tiram do sério. Normalmente sou da paz, porém há situações recorrentes que fazem brotar em mim a Lô esquentada. Escuto sempre a voz da minha mãe dizendo "não briga, deixa pra lá", mas parto pra treta assim mesmo.

Acho que você vai entender e me dar razão. São atitudes relacionadas às PCDs.

Situação um – O banheiro

Todo lugar que se preze tem banheiro PNE, isto é, para pessoas com necessidades especiais, como cadeirantes, grávidas, idosos..., mas acontece muito de pessoas sem essas necessidades usarem o lugar. Já até bati com a muleta na porta porque estava apurada e tinha gente que podia ir nos outros banheiros lá dentro. Como se isso não bastasse, já me aconteceu de ter gente esmurrando a porta porque eu estava demorando muito no banheiro PNE!

Situação dois – Falta de acessibilidade

Se vão convidar PCDs para alguma festa, precisam pensar em acessibilidade. É complicado chegar no local do evento e só ter escadas, por exemplo. Como subir, como chegar no salão? E, de novo, precisa ter um banheiro adaptado para PCDs.

Situação três – Vaga para PCD

Essa é a mais comum: motorista estacionando no shopping, no supermercado, no banco, onde for, nas vagas especiais. Mas já aconteceu também de xingarem a pessoa que dirigia meu carro quando ela estava estacionando na vaga determinada porque não me enxergaram no banco de trás.

Respeito nunca é demais

20.
Quem é você no restaurante?

Quando digo que vejo o lado engraçado de tudo, é de tudo mesmo. Posso estar me divertindo com os amigos no bar, mas estou sempre ligada no que rola à minha volta. Foi assim que comecei a reparar no jeito como cada um se comporta no restaurante e fiz um dos primeiros vídeos que bombaram no YouTube. Você pode não ter se dado conta, mas conhece esses tipos. Ou você mesmo se identifica com algum deles?

1. Aquele que chega no restaurante e vai avisando que não vai pedir nada, que já comeu em casa, veio só pra bater papo. Quando chega a comida que a gente pediu, o cara começa: "Uau, bife à parmegiana? Adoro! Me dá um pedacinho? Gim--tônica! Meu drinque favorito. Dá um golinho?". E, assim, come e bebe de graça. A cara nem treme.
2. E aquele amigo rico que chama todo mundo pra sair com jeito de quem vai pagar. Quem convida paga? Ele não acredita nisso. Na hora de acertar a conta, divide no centavo. Se você não tem dinheiro, problema seu, que se iludiu.
3. Tem o ruim de conta! Alguém pergunta: "Quanto que deu aí?". "Deu 600 reais pra nós seis." "Divide, então, e vê quanto deu pra cada um." O cara calcula e fala: "Deu duzentos reais por cabeça!". Hã?
4. O espertinho é aquele que pede um monte de comida e bebida e na hora da conta vem com alguma

desculpa. A mais comum é: "Ihhh, esqueci o cartão em casa. Paga aí que amanhã te pago no escritório ou pago tua parte na próxima". O credor pode esperar sentado!

5. E o pão-duro, gente? Esse é um pé no saco, faz a gente passar vergonha no bar. Mal chega a conta – que ele disseca todinha durante dez minutos –, começa a reclamar: "O quêêêê? Oito reais o refrigerante, que roubo! Quem comeu azeitona paga mais, hein? Ah, não vou pagar os dez por cento do garçom, ele já recebe salário".

Para quem é de humor, tudo pode ter graça.
Basta observar ao seu redor.

21.
Os primeiros vídeos de sucesso a gente nunca esquece

❝ Não repara na bagunça", mostrando que é exatamente isso que a visita faz quando chega na nossa casa, foi um enorme sucesso. O vídeo da bebê reborn também bombou. Mas foi a dancinha de muletas na vibe High School que me fez realmente estourar no TikTok. Foram milhões de likes. Levei um susto!

Outro viral é o meu favorito até hoje: nele, eu zoo uma situação que todo mundo já deve ter enfrentado. É quando estamos numa festa de casamento e chega o cara que está gravando depoimentos para os noivos, bem na hora em que acabamos de enfiar um monte de salgadinho na boca. Aí, a gente não sabe se engole inteiro, se termina de mastigar, não pode nem rir pra não mostrar restos de comida no dente, então dá um abaninho, faz coraçãozinho... E sabendo que o mico vai ser visto ever por todos os outros convidados, família, amigos dos noivos, vai cair nas redes...!

Talvez a pessoa comum não enxergue as coisas divertidas, bizarras, e as piadas prontas à nossa volta. É aí que entra o humorista. Sorry, meu povo, mas é uma questão de talento... kkkkk.

Bem, foi uma avalanche que passou na minha vida: eu tinha 70 mil seguidores e comecei a ver a chegada de 100 mil, 200 mil novos por dia. Alcancei rapidinho UM MILHÃO de seguidores e continuava aumentando.

Eu, anestesiada, só conseguia perguntar:

— Mããão, o que tá rolando?

Não tenha vergonha de ser quem você é. É sendo exatamente quem é que você chega lá.

1M
um milhão

22.
Duas mineiras vivendo o sonho de ir à praia no Rio

❝ Rio 40 graus, cidade maravilha, purgatório da beleza e do caos." (Fernanda Abreu)

Como todo mundo sabe, não tem mar em Minas Gerais. Daí que mineiro já nasce sonhando em conhecer praia, principalmente as cariocas. A gente estava no Rio, em 2016, onde eu ia ter a honra de participar dos Jogos Paralímpicos. Estávamos na Cidade Maravilhosa, pensa! Nem precisava de desculpa, mas minha mãe e eu decidimos que eu devia relaxar dos ensaios puxados do evento. Aí, né, no dia seguinte, levantamos bem cedo, botamos os trens numa sacola, a sacola na minha motinha, e fomos esperar o ônibus para a Barra da Tijuca. As mineirim, eufóricas, uhuuu... vamos conhecer a famosa praia da Barra!

Chegou o ônibus adaptado e minha mãe pediu para o motorista descer o elevador para subir a scooter. O sujeito, com cara de poucos amigos, resmungou que o elevador estava com defeito e que a gente esperasse o próximo ônibus. Que levaria DUAS horas para passar!

— Moço, como assim não tá funcionando?

E o cara:

— Não tá, esse ônibus não tá prestando muito não.

Aí, um passageiro do ônibus ouve e grita lá de trás:

— *Olha aqui, meu amigão, sobe a moça, senão todos nós vamos descer. Ou vamos ter que chamar a polícia?*

E não é que o povo desceu mesmo?

Nem só de glamour vivem as boas histórias. É com os perrengues que elas ficam melhores.

Eu tentei acalmar os ânimos, mas o passageiro que liderava o movimento me mandou calar a boca. Nessa hora, decidi ficar quietinha, na minha, porque a coisa tinha ficado feia até para mim.

O motorista repensou, talvez com medo de perder o emprego, e disse que ia fazer o teste com o elevador. Claro que funcionou. Não era defeito técnico, era má vontade mesmo. Todo mundo entrou no ônibus de novo e o cara começou a correr e a acelerar feito louco.

Uma mulher gritou:

— *Ei, motorixxxta, você não está transporrrtando porrrco, não, nem bonecos! São pessoas, viu?*

E eu já pensando em descer do maldito ônibus no meio do caminho. Só queria pegar uma praia, pô!

Chegamos na Barra. Ufa!! *Acabou o pesadelo*, pensei. Fomos as últimas a nos preparar pra sair, quando olho pra fora e vejo dois policiais esperando na porta.

— Ih, deu ruim. O motorista chamou a polícia e agora vou ter que me explicar por ser a causa do perrengue — falei pra mãe.

Fiquei enrolando pra sair, disse até que a roda da motinha tinha travado. E os dois lá na porta esperando! Fomos obrigadas a descer. Cheguei lá embaixo meio trêmula, e, depois de se identificarem como guardas municipais, os dois falaram sorrindo:

— Bom dia, só queríamos dar boas-vindas, desejar um bom passeio e que vocês curtam muito a nossa praia.

Morri.

23.
Olha ela lá!

Um dia desses li um poema de Álvaro de Campos que dizia assim: "tenho em mim todos os sonhos do mundo". Achei lindo. Não sei se tenho todos, mas tive – e tenho – muitos sonhos. Me considero uma garota de sorte por ter realizado vários deles. E se ainda por cima rola algo incrível que a gente nem ousou sonhar? Uaaau... Vou contar pra você: um dia, a Wanessa Borges, diretora do Araxá Dance Company, um grupo de dança inclusiva do Instituto das Artes e Movimento, entrou em contato comigo.

Esse projeto maravilhoso é formado por dançarinos com e sem deficiência. São cadeirantes, pessoas com mobilidade reduzida e muletantes como eu. Wanessa tinha me visto dançando nos vídeos do YouTube e perguntou se eu gostaria de integrar a equipe que ia participar das cerimônias de abertura e encerramento dos Jogos Paralímpicos do Rio de Janeiro. A companhia ia representar Minas Gerais no evento. Se eu gostaria?? Uaaau... De Araxá para o mundo? Morri!

Fomos para o Rio um mês antes para ensaiar a coreografia. Que sufoco, gente! No fim do dia, meu corpo doía e minha cabeça fervilhava só de imaginar que eu ia desfilar entre 4 mil atletas, ao vivo, para tevês de 160 países.

Chegou o grande dia. Aquele 7 de setembro de 2016 foi mais que apenas a data oficial de comemoração da Independência do Brasil. Foi também um dos dias mais emocionantes da minha vida. Não consigo descrever para

Preste atenção nos seus sonhos. Você pode realizá-los.

você o que foi entrar no Maracanã lotado, trilha sonora bárbara, eu bem charmosinha, de cabelo preso em coque, com um vestidinho nas cores dos jogos. E, claro, arrepiada da cabeça aos pés...

Eu e meus companheiros da companhia de dança de que fiz parte em Araxá jamais vamos esquecer aquele momento.

Só posso acrescentar que Deus é sempre muito generoso comigo.

24.
2020, o ano viral

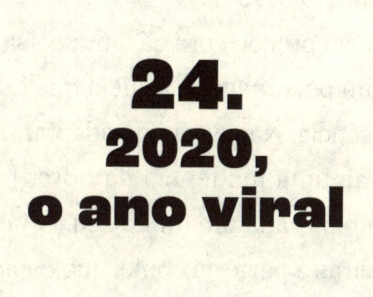

Olha, se pensar bem, eu já tinha quase 21 anos de carreira quando meus vídeos começaram a bombar na internet. Brinco com isso porque, aos 3 aninhos, a pequeníssima Lô já aparecia nos vídeos domésticos, fazendo "esquetes" para divertir a family. Se você olhar essas imagens, vai perceber que lá estou eu, bem natural, fingindo tocar pianinho, sem vergonha de olhar para a câmera, fazendo o povo rir.

Desse início precoce pra cá, uma coisa não mudou: nunca criei um personagem. Aquela que faz você rir é a Lô na sua essência. Não é comigo adaptar minhas ideias para seguir alguma tendência da hora. Jeito de fazer humor é como c*, cada um tem o seu. O meu é só meu.

Brincadeiras à parte, já contei que comecei a postar meus vídeos pra valer em 2015. Tive algum retorno, inclusive financeiro, então eu pensava: *Ai, que legal, tô famosinha*. Mas aquilo não me preparou para o que viria.

Chegou o ano de 2020 e com ele o tenebroso coronavírus. Foi também quando minha vida fez vruuumm... como se tivesse passado um tornado e virado tudo de pernas para o ar.

Viralizei, gente! Para o bem e para o mal, como vou contar mais adiante.

Falando da parte boa, aliás muuuito boa: com a viralização, comecei a ganhar dinheiro o suficiente para minha família e eu termos uma vida mais confortável.

Há muito trabalho por trás do "foi sorte", pode acreditar.

Cuidado com o que você sonha, pode se tornar realidade

Veio o sucesso na mídia tradicional. Quando me falaram que eu ia entrar para a lista da prestigiada *Forbes*, na categoria Web – Criadora de Conteúdo dos Forbes Under 30, achei que era trote. "Estão me zoando", eu falava. Afinal, desde 2014, a lista destaca os mais brilhantes empreendedores, criadores e game-changers brasileiros abaixo dos 30 anos.

Eu só pensava assim: *Quem sou eu na fila do pão pra sair nessa revista?* E não é que saí mesmo, gente? A matéria dizia:

Em 2015, a mineira decidiu levar seu bom humor para o YouTube, criando um canal com o nome "Pequena Lô". No ano seguinte, acabou indo parar na abertura das Paralimpíadas, em razão dos vídeos que postava dançando no Instagram. Em 2019, Lorrane decidiu apostar no TikTok e acabou viralizando com seus conteúdos que arrancaram risadas de muita gente. Em menos de um ano, Lô conquistou 3 milhões de seguidores no TikTok e mais de 2 milhões no Instagram.[2]

---

[2] PEQUENA LÔ entra para a lista 'Forbes Under 30'. **Portal Alta Definição**, 30 dez. 2020. Disponível em: https://portalaltadefinicao.com/pequena-lo-entra-para-a-lista-forbes-under-30/. Acesso em: 25 jul. 2023.

25.
Trocando o *uai* pelo *orra, meu!*

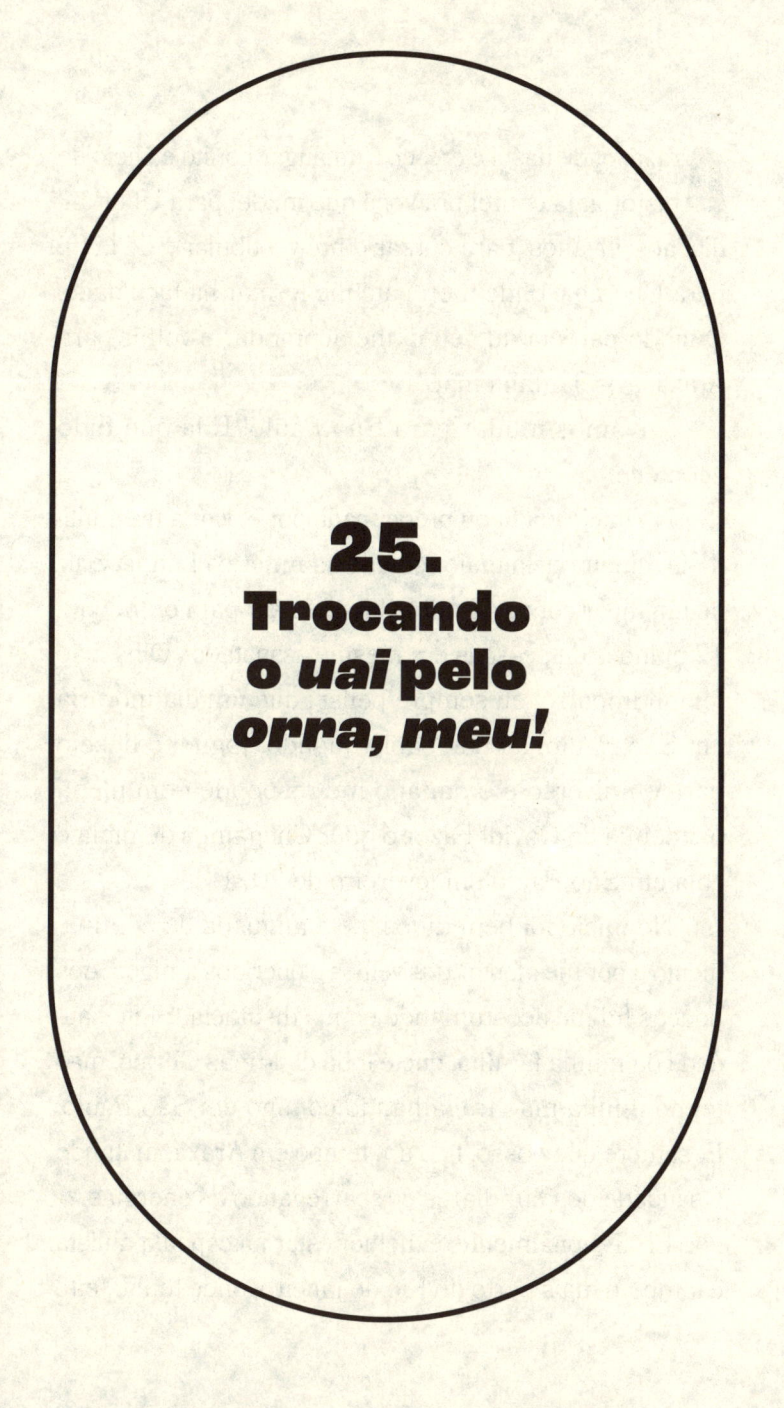

Araxá, onde nasci e cresci, é um lugar bonito e cheio de história. Já contei pra você que mudei para Uberlândia, aos 17 anos, para cursar o pré-vestibular e de lá fui para Uberaba, onde morei até me formar na faculdade. Quando parecia que eu ia me acomodar e voltar para Araxá, avisei minha mãe:

— Vamos mudar para São Paulo! É lá que tudo acontece.

No início ela ficou preocupada por trocar a tranquilidade mineira pela maior cidade da América Latina. Sair de um lugar com 340 mil habitantes e ir para outra com 12 milhões de pessoas era mesmo assustador. Olha, não foi um impulso; eu sempre pensei que um dia moraria em São Paulo, só não sabia quando. Joguei o desejo para o universo e o danado me respondeu em plena pandemia da Covid! Fazer o quê? Chegamos de mala e cuia em São Paulo em fevereiro de 2021.

No início foi bem difícil, pela angústia do confinamento e por me afastar dos velhos e queridos amigos. Aos poucos fui me acostumando com a distância. Sinto saudade da minha família, que é toda de Minas Gerais, mas tenho minha mãe trabalhando comigo em São Paulo. E, sempre que posso, fico um tempo em Araxá, matando a saudade dos familiares e recarregando as energias.

Profissionalmente, é melhor estar na capital paulista e também mais perto do Rio de Janeiro, onde tenho feito

Não existe distância para quem quer realizar sonhos.

vários trabalhos. Não é um sacrifício, gosto de viver aqui. Pouco a pouco, estou me transformando numa mina de Sampa, mano!

26.
Barradas no avião

Senta que lá vem história: se a Pitchula nunca foi barrada no baile, acabou sendo no voo que nos levaria do Rio a São Paulo. A motinha já tinha viajado outras vezes, de acordo com as regras da aviação. Mas sabe quando a gente esbarra em alguém que tem prazer em exercer seu pequeno poder e dizer "não"? Foi o que fez o piloto daquele voo, mesmo sendo de uma companhia aérea na qual a Pitchula já tinha embarcado antes sem problemas.

O comandante se negou a transportar a bateria da moto e o comissário de bordo foi muito grosso no trato, em clara manifestação de ignorância e capacitismo. Depois de muita treta e humilhação, resolvemos descer do avião. Sem a Pitchula eu não ia! Minha mãe, morta de vergonha por termos atrasado a partida das outras 180 pessoas, pediu desculpas aos passageiros em voz alta. Fiquei passada com a tripulação. A vontade era mandar todos à PQP. Quem nunca?

De volta ao aeroporto, a companhia aérea nos levou para a sala VIP, pediu mil desculpas e nos colocou em outro voo. Aceitamos com relutância, porque eu tinha compromissos profissionais marcados em São Paulo. Tudo poderia ser evitado se não fosse a ignorância do piloto sobre os direitos da PCD. Estude além dos botões do painel da aeronave, comandante!

Nem toda pessoa com deficiência ou mobilidade reduzida pode comprar uma moto elétrica. Muita coisa

Não deixe que o preconceito e a ignorância do outro o impeçam de ser quem você é.

precisa ser revista para tornar a PCD mais autônoma e livre. Poder colaborar com a abertura de espaços para PCDs é motivo de orgulho pra mim.

27. Influenciadora, eu?!

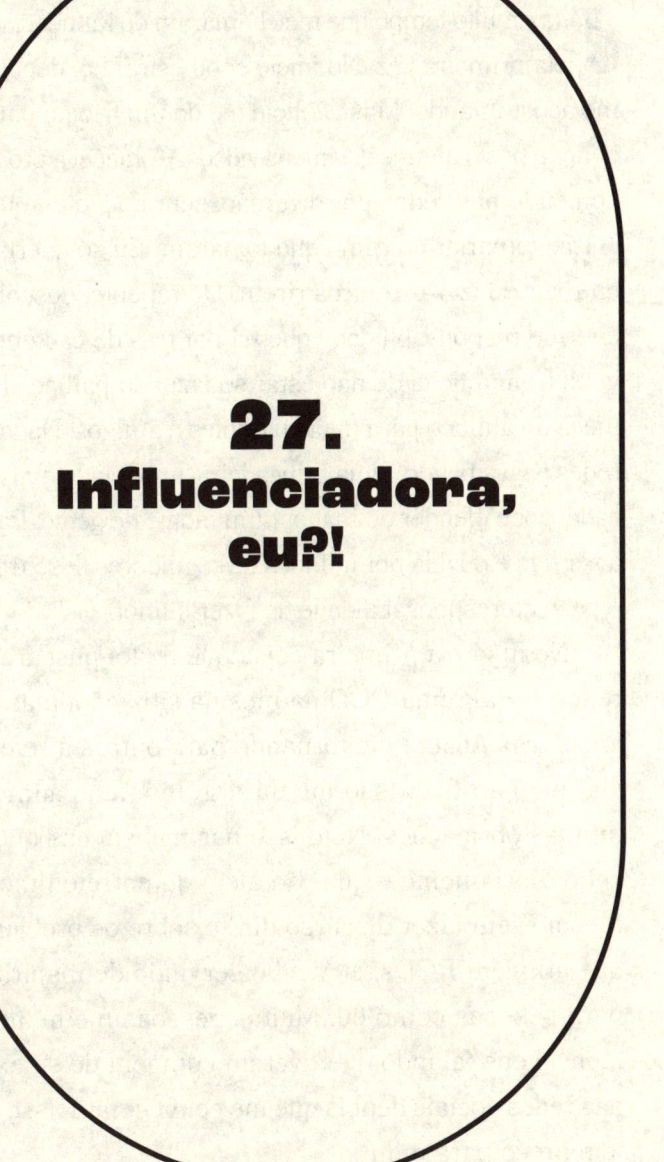

Já faz muito tempo que me chamaram de influenciadora pela primeira vez. No início soou estranho, depois fui me acostumando. Mas até hoje me dá um frio na barriga quando posto alguns dos meus vídeos. Comecei a produzir conteúdo nas redes por diversão, sem noção de que as coisas tomariam o rumo que tomaram. Eu só queria me entreter e fazer os outros rirem. De repente, descobri a enorme responsabilidade que há por trás de cada postagem. Caiu a ficha de não estar só fazendo palhaçada na mesa do almoço para meus parentes e amigos. Nada nas redes passa batido. Uma brincadeira, uma piada mal colocada, pode ofender ou magoar um monte de gente. Passei a ser lida e ouvida por milhões de seguidores. Isso trouxe o peso da responsabilidade de fazer humor.

No início, a primeira coisa que fiz foi buscar referência de alguma PCD na mesma situação, mas não encontrei. Acabei me tornando para outros a referência que não tive. Isso me dá orgulho, mas aumenta minhas obrigações. Noto isso nas mensagens que recebo diariamente e que vão além do entretenimento. Mesmo sem fazer discurso direto sobre os problemas que atingem PCDs, eu acabo servindo de inspiração para pessoas como eu. Muitas pessoas me mandam mensagens falando que tiveram coragem de se expor nas redes sociais depois que me conheceram. Isso não tem preço para mim.

Influência não é só likes, publis e glamour. É muito mais do que isso: é <u>abrir caminhos</u> onde eles não existiam.

Uma das manifestações mais esclarecedoras e tocantes que recebi foi da escritora e ativista Lau Patrón, em 2021. Lau é mãe do João, um menino com paralisia cerebral, que na época tinha 9 anos. Ela viu a capa da revista *Quem*, na qual eu aparecia alegre e estilosa, com as muletas à mostra, e resolveu divulgar uma carta aberta no Facebook dela. O texto é lindo e deve ter ajudado outros pais a lidar melhor com a deficiência dos filhos. Eu guardo as palavras de Lau para sempre no coração. Lendo, você entenderá minha emoção.

Carta aberta para @pequenalo de uma mãe.

Nos últimos dias pensei muito em você. Fui impactada pela sua capa de revista. Aliás, parabéns pela capa. Você está lindíssima, alegre e forte. Quando vi pela primeira vez, pensei: deve ser capa coletiva, com versões e outras pessoas, e fui até verificar. Mas não. A capa é sua. Só sua. Talvez esse tenha sido o meu primeiro impacto: minha própria descrença de que fosse possível.

Vê, meu filho, João, tem 9 anos. É um menino alegre, engraçado e inteligente, como você. E tem paralisia cerebral. Parece cedo, mas me preocupo com o futuro. Em um país onde ¼ da população tem algum tipo de deficiência, mas mais de 60% desses 45 milhões de brasileiros não conseguem terminar o ensino médio, apenas 1% tem lugar no mercado formal de trabalho, e poucos realmente pertencem como seres sociais nos espaços e nos afetos, é um sintoma o fato de que ele tem apenas 9 anos e eu já sei o tamanho das barreiras que vai enfrentar para ser quem é e desenvolver sua potência naquilo que desejar, seja lá o que for. Ele tem apenas 9 anos e eu já sei.

Por isso é tão impactante ver você brilhar, ocupar, pertencer, com o seu talento, seus sonhos, com o seu trabalho. É um gatilho de esperança, algo que atravessa os dados, as informações, o conhecimento que tenho, e me diz que sim, apesar de um mundo tão preconceituoso, aquilo que é genuíno pode abrir espaço.

Vi comentários desnecessários sobre a sua capa, também. Falando que você não é ativista, que não defende a causa o suficiente, que não é revolucionária o suficiente, e espero que isso não tenha te feito mal. Espero que a sua alegria seja protegida de parte de um ativismo que ficou arrogante demais e se permite atropelar alegrias, classificando o que é suficiente e o que não é. Repetindo o padrão colonizador que aponta e define o outro.

Não é apenas uma capa de revista, é você sendo reconhecida por aquilo que faz brilhantemente. É você construindo sua história apesar das violências, ultrapassando barreiras clichês, e desbravando caminhos que serão trilhados depois de você.

Vejo novas histórias possíveis pro João a partir das suas histórias. E isso também é revolução, querida.

Desejo futuros em que mais e mais pessoas com deficiência sejam reconhecidas por quem são, pelo que fazem, pelo que sonham. Escritoras, arquitetas, professoras, surfistas, chefs, artistas, advogadas. E você constrói esses futuros com alegria. Obrigada.

(Lau Patrón)[3]

---

3 LAU PATRÓN. **Carta aberta para @pequenalo de uma mãe**, 24 mar. 2021. Disponível em: https://www.facebook.com/laucpatron/photos/a.909131512507259/3862676817152699/?type=3&mibextid=cr9u03. Acesso em: 25 jul. 2023.

28.
Dormi quase anônima, acordei o fenômeno Pequena Lô. E agora?

Tente se colocar no meu lugar. Em plena pandemia da Covid-19, todo mundo com medo de tudo, confinados, tristeza generalizada, e eu acordo um dia verificada nas plataformas. E os milhares de seguidores tinham virado milhões!

Minha mãe também não entendeu de cara o que estava se passando. Eu estava havia cinco anos, com ajuda do meu primo, postando conteúdos, mas era tudo muito tranquilo e lento. No início, recebia ajuda financeira dos pequenos negócios da cidade e me virava com pouca grana. Sou muito grata a eles por me valorizarem no começo da minha carreira.

E aí chegou o sucesso. Claro, não foi rápido, não foi sorte. Foi trabalho. Mas a sensação era de fama instantânea. As marcas começaram a me convidar para fazer publis. Tudo foi ficando maior, mas não tínhamos estrutura. Eram minha mãe e meu melhor amigo que respondiam aos mais de duzentos e-mails que passei a receber por dia. Entre eles estavam os famosos me contatando.

— Como assim o Hugo Gloss quer falar comigo, gente? Ele deve ter se enganado de pessoa!

A primeira semana depois de o meu trabalho bombar na internet foi a mais agitada da minha vida. Pedidos de entrevistas, oferta de contratos bem pagos, mais e mais seguidores a cada minuto, tudo isso transformou meu dia a dia numa loucura.

Não tenha medo de sonhar, mas se prepare porque tudo pode dar certo.

Ver meu trabalho ganhar tanta projeção foi um sonho realizado, mas ele iria me cobrar um preço alto mais adiante. Descobri na prática que a gente precisa estar preparada não só para o que pode dar errado na vida, mas também para o sucesso.

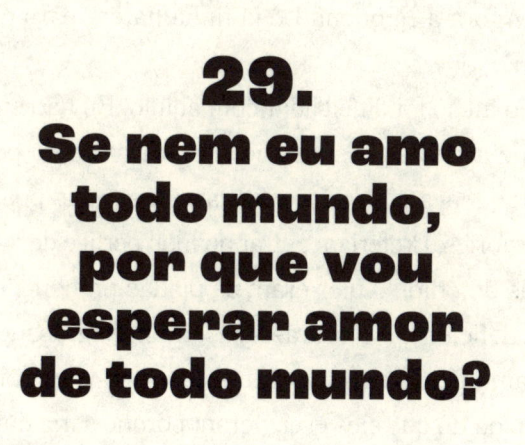

29.
Se nem eu amo todo mundo, por que vou esperar amor de todo mundo?

Aí, né, a pessoa faz sucesso na internet, recebe um monte de elogios e começa a se sentir a mais amada do Brasil, do mundo, quiçá do universo! Foi assim comigo. Eu já estava quase me achando a última bolacha do pacote quando descobri o outro lado da fama.

Siiim, tinha gente postando coisas maldosas contra mim. Agora a Pequena Lô já tinha haters para chamar de seus.

No início foi difícil lidar com aquilo. Eu não entendia por que aquelas pessoas não silenciavam meu perfil ou me bloqueavam se não gostavam dos meus posts, dos meus stories. Preferiam entrar no meu perfil e deixar mensagens de ódio. O pior eram as piadas preconceituosas sobre deficiência. Os caras se achavam engraçados, mas estavam apenas sendo capacitistas. Não vou reproduzir aqui nada do que eles escreveram porque seria dar a eles o que buscavam: visibilidade e carona na projeção alheia.

O que me ajudou muito naquele momento foi meus fãs me apoiarem contra os haters de forma direta e afetuosa.

"Sou uma mulher com deficiência como você e tu é uma inspiração para mim. Tu é f... demais. E, geralmente, as pessoas acham que a gente não consegue ser nada da vida, fazer nada, nem ser bom em nada só por ter uma deficiência; mas você mostra pro Brasil inteiro que não é assim. Através do humor."

Haters são fãs que ainda não sabem que são fãs. Simples assim.

é fã ou Hater?

"Você é MARAVILHOSA! Não fico um dia sem ver o seu conteúdo! Você é incrível, obrigada por existir e por ter escolhido essa profissão que nos possibilita acompanhar tudo de pertinho!"

"Não pare, Lô!! Siga em frente, sem olhar para trás. Nós amamos você."

Tempos depois, com a ajuda da terapia, percebi que estava dando importância demais aos haters e aprendi a dar a devida dimensão aos ataques. No fundo, os haters são fãs que não saíram do armário. Não assumem que nos admiram, mas são quem mais sabe a nosso respeito.

Reconheço que foi difícil, mas não parei porque AMO o que faço. Toquei em frente. Estou muito bem, obrigada. Beijinho no ombro. E fica com Deus.

30.
Aprendendo a lidar com os efeitos colaterais da fama

A palavra burnout entrou na minha vida depois que bombei na internet e comecei a aceitar todas as propostas de trabalho que iam surgindo. Ela significa "esgotamento" causado pelo estresse profissional. Acho que eu não estava preparada para a fama repentina e tudo o que ela trouxe junto, incluindo os haters. Tinha me mudado para São Paulo, ficava muitas horas envolvida com a produção, a gravação de vários vídeos, entrevistas e pouco tempo para descansar e dormir. A cereja do bolo é que tudo isso aconteceu durante a pandemia da Covid-19, ou seja, havia a neura do confinamento, da quarentena e o medo terrível do contágio.

Além do cansaço físico, a responsabilidade de produzir conteúdo diariamente e a ansiedade de ser aprovada trouxeram outra síndrome: a da impostora. Explicando de forma bem simples, é quando a pessoa começa a desconfiar de que não tem talento, de que vão descobrir que ela é uma fraude. É uma forma de autossabotagem do próprio sucesso.

O mais incrível é que eu estava realizando o sonho de ser reconhecida como comediante. Mas isso me fazia lembrar que milhões de pessoas entravam nas minhas redes todos os dias para rir do que eu postava. Eu ia conseguir fazer isso sempre? Até onde duraria minha criatividade? E se, de repente, eu perdesse tudo aquilo que levei anos para conquistar?

Descansar é tão importante quanto produzir. Não subestime o seu tempo livre.

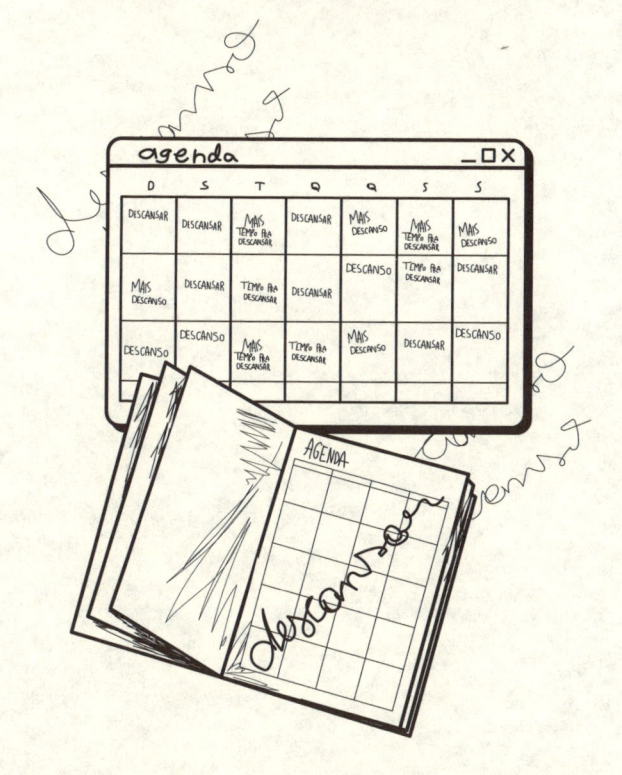

Fui adoecendo sem perceber, até que um dia estava no salão arrumando o cabelo quando minha pressão caiu e eu tive um princípio de desmaio. A partir daí, sentia meu corpo estafado e a cabeça vazia. Meu organismo estava avisando que eu tinha ultrapassado meus limites. Voltaram os ataques de pânico da infância, perdi o entusiasmo, chorava muito. Cheguei a passar uns tempos em Minas para ficar perto da minha família.

31.
Saúde é papo sério. Eu posso provar

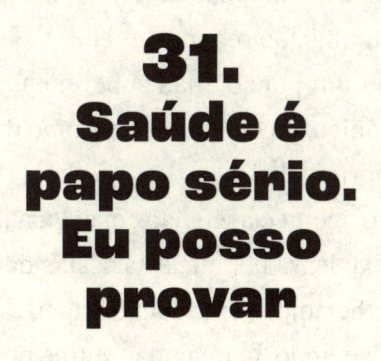

Duas coisas me ajudaram a sair do buraco: a terapia e a espiritualidade. A fé sempre me acompanhou. Desde menina, aprendi com minha avó o poder da força espiritual. Ela nos preenche e ampara. Quanto à terapia, sempre fui adepta. Não por acaso escolhi a carreira acadêmica de psicóloga. O autoconhecimento e o apoio profissional nos ajudam não só a entender a própria cabeça, mas o mundo ao redor.

Demorou um pouco, mas superei esse combo de ansiedade, pânico, hipocondria, síndrome da impostora e medo de morrer. Ufa!

Enquanto acontecia, eu não conseguia falar sobre a crise e nem explicava por que estava afastada das redes. Mais tarde, achei importante contar o meu caso, mostrar que nem tudo é lindo, para ajudar outras pessoas.

Hoje consigo lidar melhor com as inseguranças. Sou grata a Luísa Sonza por me convidar a apresentar o programa com ela quando eu estava tão em dúvida sobre minha capacidade.

Agora, é um dia de cada vez, sempre atenta às armadilhas da mente.

Não <u>silencie</u> a sua dor.

32.
Tudo sobre a vida amorosa da Pequena Lô

Chegamos ao capítulo da minha vida amorosa... SQN! É pegadinha, gente...kkkkk. Você me perdoa o clickbait? É que sou de Minas Gerais, e, como todo mundo sabe, mineirinho come quieto. Mineirinhas e mineirinhes também.

Sou muito tímida e discreta sobre minha vida amorosa, mas, para não deixar você no vácuo, vou contar apenas um date ruim que tive e que eu mesma vazei no programa *Posso mandar áudio?*, da Dani Calabresa.

Aconteceu lá pelos idos de 2018, em plena agitação universitária. Eu estava num aplicativo e dei match com um boy. Conversamos durante vários dias até ele me falar que estava visitando Uberaba e gostaria de conhecer as baladas da cidade. Pediu para termos um date e que eu aproveitasse para mostrar a noite uberabense para ele. Resolvi dar uma oportunidade pro boy e pra mim. Como ele disse que amava música eletrônica e eu também amo, escolhi uma festa do tipo.

Ele me buscou em casa, e quando chegamos na balada ele avisou que bebia pouco. "Só socialmente", falou o garoto (achei graça quando ele disse isso). "Ah, ok." Começa o show, com DJs bem legais, e a gente se divertindo. No meio da noite, o boy coloca os óculos escuros. E eu: "O que tá rolando??". Aí ele me fala: "Ihhh, Lô, tô doidão e não é só de bebida...". Dei um pirulito que carrego na motinha e ele continuou dançando – sempre de óculos escuros – e falando que estava passando mal. Aí, começou a suar, e eu abanando o menino. Ele disse que não era pressão alta, que precisava apenas desabafar. Usei meus conhecimentos como estagiária de Psicologia e dei um atendimento emergencial para o boy.

Pra piorar, no meio da crise de ansiedade do menino, chega um fotógrafo amigo meu querendo tirar uma foto nossa. Eu fazia sinal de que não era uma boa hora para fazer imagem! E meu amigo insistindo: "Dá um sorrisão aí, vamos fazer sim". Resumo da história: tenho até hoje a foto do boy de óculos de sol, em plena crise, eu com um sorriso amarelo do lado. Saí para me divertir e acabei fazendo sessão de terapia. Dani Calabresa me apelidou de "a terapeuta dos apps". Pra encerrar a história do date ruim: o boy me bloqueou alegando que sentia vergonha do vexame que deu naquela noite. Meu santo Freud, ninguém merece!

Não era amor, era sessão de terapia na balada.

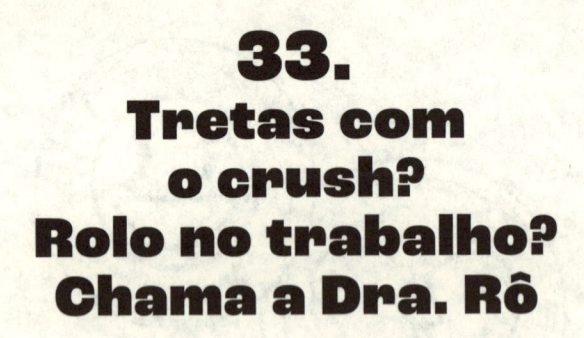

33.
Tretas com o crush? Rolo no trabalho? Chama a Dra. Rô

Dra. Robertinha, ou apenas Dra. Rô para os íntimos, nasceu durante a pandemia, inspirada no eterno e sensacional vídeo "Tapa na pantera" e na minha formação de psicóloga.

Como Dra. Rô, comecei a responder às dúvidas e angústias dos seguidores nas redes sociais. Nada ficava sem resposta, mas se o "paciente" ficava satisfeito com o conselho é outra história. Foram milhares de consultas de todo tipo. Separei algumas para relembrar o "Tapa da Pequena Rô".

Tapa 1
Seguidor: Estou sofrendo por terminar um namoro de cinco anos, mas já tô consciente de que não havia amor.
Dra. Rô: Em cinco anos não havia amor? Que belos atores a Globo tá perdendo, hein? Gente, amar o outro é também deixar ele vazar, pelamordedeus!

Tapa 2
Seguidor: A mãe do meu ex falou para eu mudar minha aparência pra voltar para ele. E a noção dela, Dra. Rô?
Dra. Rô: Noção nenhuma. Noção passou longe, né? Diz para ela mudar a língua também, arrumar uma língua menor pra ver se cabe na boca. Obs.: se eu tenho medo de relacionamento? Tenho. Mas tenho mais medo ainda de arrumar uma sogra ruim.

Tapa 3
Seguidor: Dra. Rô, estou encalhada há quatro anos. O que fazer?
Dra. Rô: O primeiro passo é aceitar. O segundo é: quando você desencalhar, me conta como faz, porque tô na mesma...

Tapa 4
Seguidor: Rô, o que você preferiria: um crush romântico ou um traste de aplicativo?
Dra. Rô: Eu já fui uma dessas que curtia um boy que me ignorava, mas daí tomei um pouco de amor-próprio e parei. Ah, eu escolho o boy apaixonado.

Tapa 5
Seguidor: Converso com um menino que leva três dias pra me responder? Devo pular fora?
Dra. Rô: Enquanto estava me escrevendo essa mensagem, você já podia estar pulando fora! Você entende a falta de noção? Sua e dele.

Tapa 6
Seguidor: Gosto de um menino, mas minha amiga começou a ficar com ele. O que eu faço?
Dra. Rô: O que me choca aqui nem é você gostar do menino, é você chamar ela de amiga ainda. É a única coisa que me choca.

Tapa 7
Seguidor: Rô, como faço pra parar de falar da vida alheia? É bom demais.

Quando o assunto for amor não correspondido, tome uns goles de amor-próprio e siga a vida.

CONSELHOS DA DRA. RÔ:

Dra. Rô: Já olhou pra sua? Ou então compra um gato. Eles têm sete vidas, pode ser que baste pra você.

Tapa 8
Seguidor: O que eu faço com o papel de trouxa que ganhei do crush ao esperar uma resposta, Rô?
Dra. Rô: Olha, amor, tem vários tutoriais de origami que você pode fazer para aproveitar o papel de trouxa que ganhou. Eu mesma já fiz vários, até vendi e ganhei um dinheirinho.

Tapa 9
Seguidor: Sou apaixonado por alguém que me bloqueou. O que eu faço?
Dra. Rô: Aceita que dói menos. Parte pra próxima. Cada pergunta... Eu, hein?

Tapa 10
Seguidor: Rô, diga algo inspirador sobre a vida. Estou precisando.
Dra. Rô: Gosto desta: a vida é como um grande lençol de elástico. Quando você arruma de um lado, ela solta do outro.

E FORA DO STORY, QUEM É A PEQUENA LÔ?

34.
Lô no talk show da Pequena Lô

Afinal, quanto você mede, Lô?
Tenho 1,30 m de perseverança e zoação.

Você se acha muito engraçada?
Olha, me acho mais engraçada longe das câmeras. Faço piadas na intimidade, nas conversas com amigos e nas festas da família o tempo todo. Mais que nos vídeos.

O que você aprecia mais em você fisicamente?
Curto meu cabelo e as orelhas delicadinhas que Deus me deu.

Uma coisa de que você gosta, mas não pode fazer
Costumo ficar acordada até uma, duas da madrugada. Adoro dormir até mais tarde de manhã, mas o trabalho não me permite.

Algum livro de cabeceira?
Não sou miss, mas meu livro favorito é *O pequeno príncipe*, de Antoine de Saint-Exupéry.[4] Ganhei da minha melhor amiga num momento em que as lições da história me ajudaram muito. Só um trechinho:

---

4 SAINT-EXUPÉRY, Antoine de. **O Pequeno Príncipe**. Rio de Janeiro: Nova Fronteira, 2022.

"*Como o principezinho adormecesse, tomei-o nos braços e prossegui a caminhada. Eu estava comovido. Tinha a impressão de carregar um frágil tesouro. Parecia-me mesmo não haver na Terra nada mais frágil. Considerava, à luz da lua, a fronte pálida, os olhos fechados, as mechas de cabelo que tremiam ao vento. E eu pensava: o que eu vejo não é mais que uma casca. O mais importante é invisível.*"

Não é lindo isso?

Costuma assistir a séries?
Curto séries, sim, e uma que me marcou foi *Atypical*, sobre um garoto autista. Ele tem 18 anos e está em busca de amor e independência. Supercomovente.

Quem te inspira?
Tatá Werneck é uma grande inspiração profissional para mim.

Um medo (além de barata voadora)?
Não gosto de andar de avião. Piorou depois de pegar uma tremenda turbulência num voo para Araxá. Tudo sacudia. Fiquei gelada, branca como papel. Todo mundo começou a gritar. Minha mãe apertava minha mão e dizia que estava tudo bem, mas estava mais pálida que eu. Foi um horror. Achei que a gente ia morrer. Quando finalmente pousamos, só consegui gritar: "Terra firmeeee!".

Você sempre quis ser psicóloga?
Não, Psicologia não era minha primeira opção. Eu pensava em cursar Jornalismo ou Publicidade, algo na área da Comunicação. Mudei de ideia depois do teste vocacional mostrando que eu tinha tudo a ver com Psicologia. Foi uma ótima escolha, adorei o curso.

Uma fake news
Que minha vida amorosa é agitada...

Uma certeza
Deus existe e está do nosso lado.

Uma saudade
Da minha turma de amigos de Uberaba. Nossa "panelinha" era o auge!

Um conselho
Faça terapia!

Um sonho realizado
Comprar uma casa em Araxá pra mim. O sonho da casa própria, né? Quem não tem? Mas eu, que pensei que realizaria esse sonho, realizei mais de um com essa mesma casa. Hoje, como já contei aqui, não moro mais em Araxá. Quem vive nessa casa é a minha avó, e lá ela também pôde realizar os sonhos dela. Por exemplo, um que ela sempre me dizia: "Ainda quero uma casa em que

eu possa abrir a porta do meu quarto e dar de frente pra um jardim lindo". E assim aconteceu: o quarto dela é de frente pra um jardim.

Um sonho a realizar
Apresentar um talk show meu.
Anote esse sonho. Se ele vier aí, quero te ver na primeira fila, nas redes sociais e em todos os lugares comemorando comigo.

Qual é o seu sonho?

Escreva aqui o seu sonho:

35.
E o futuro, hein?

Mal acaba o ano e a gente já tem que pensar no que está por vir. O desespero bate, né, meu amor? Você também é assim? Fica tentando adivinhar o que vai acontecer no futuro? Tenho conhecidos que mandam fazer mapa astral, outros consultam cartomantes, búzios e até oráculos, na ansiedade de saber o que vem pela frente.

Para além da futurologia, acho melhor mesmo fazer planos e traçar metas no aqui e agora.

Começo me perguntando: "O que você quer, Lô?". Se o assunto empaca, falo mais sério: "E aí, Lorrane Karoline, quais são os seus planos?". Depois de descobrir, o segundo passo é correr atrás.

Graças a Deus, estou bem ocupada, gravando meus vídeos, dando palestras, fazendo filmes e podcasts, e, claro, passei boa parte desse ano escrevendo este livro que está bem nas suas mãos. Se eu quero mais? Sim, quero. Eu amaria bater cartão e trabalhar mais como atriz, mas não só com humor, tá? Oi? Tô disponível pra vilãs... um papel dramático em uma novela ou série, em que o foco da personagem não seja a deficiência, mas os conflitos comuns a qualquer ser humano. Chegou a hora de repensarmos a crifake, ou seja, atores sem deficiência interpretando pessoas com deficiência.

— Mas, Lô, e se não der certo, não tem medo do fiasco? (Vem aquela vozinha vagabunda... kkkkk... falando lá no fundo da minha mente.)

— Ah, minha fia, vaza daqui, fica calada.

Se você me conhece, sabe que tenho medo – como qualquer um – daquilo que não conheço. MAS sempre fui uma pessoa que, mesmo com medo, vai! (Pronto, calei a danada!)

Seria só mais um desafio. Quando falei para os meus pais que queria mudar de cidade sozinha, não sabia como seria. Dava um medão. Mas sou muito aquela que vai e enfrenta. Se vejo que deu errado, volto atrás. Melhor voltar atrás do que não tentar, ficar sem saber como seria. Não é agradável quebrar a cara, mas pode ser pedagógico. Tudo é aprendizado, até fazer más escolhas. Parto do princípio de que vou conseguir, que vai dar certo. Deu errado? Ops, meia-volta, volver. Quem nunca? Logo adiante já tem outro obstáculo pra vencer. E vamos que vamos.

Do que vivi até hoje, entendi: se tiver medo, vá com medo mesmo. Se não der certo, <u>não tenha vergonha</u> de retroceder.

- ✓ me exercitar
- ✓ mudar maus hábitos
- ✓ focar nos meus projetos
- ✓ novos planos
- ✓ viagem internacional
- ✓ conhecer ~~más~~ boas pessoas
- ✓ realizar sonhos
- ✓ escrever um livro

36.
Rindo e chorando como uma garota

Enquanto fazia esta retrospectiva da minha vida, o tempo voou e já é Ano-Novo de novo. Se eu pudesse resumir o que quis dividir com você neste livro, diria: desde cedo aprendi que estou neste mundão para o que der e vier. Prefiro rir e – mais ainda – fazer rir, mas aprendi a chorar quando foi preciso. Aprendi também a não me sentir vítima do destino e a não dramatizar as circunstâncias. Não sou uma heroína, como alguns se referem a mim, por ter enfrentado minhas limitações físicas e mantido o bom humor. Isso veio naturalmente, pois tive a sorte de nascer em uma família amorosa e divertida. Cresci em meio a gargalhadas, mesmo que entremeadas com dor e sofrimento. Amor e força espiritual são uma dupla imbatível para vencer os obstáculos que a vida impõe.

Se pensar bem, sou apenas uma garota do interior de Minas Gerais, PCD, que poderia ter vivido reclusa, quietinha no meu canto, sem nunca alçar voos maiores. Mas eu queria mais e tive apoio para voar. Deixei a redoma protetora de meus pais, mudei de cidade, estudei o que escolhi, vivi la vida loca como universitária, me formei, conquistei grandes amigos e uma carreira que eu amo e que proporcionou uma vida confortável para mim e minha família. Como diz aquele antigo meme: tem vida mais barata, mas não presta!

Tudo isso também passou como um filme na minha cabeça em 2022, na noite em que fui homenageada no programa *Teleton*, transmitido pelo SBT e pela TV Cultura em benefício da Associação de Assistência à Criança Deficiente (AACD). Me senti uma vencedora, no sentido amplo da palavra, ao ouvir os depoimentos de pessoas que admiro, de amigos e da minha família. Vou guardar esse momento e essas palavras para sempre.

A gente se deu bem desde o começo, a energia foi batendo e a gente começou a passar muito tempo juntas, a se encontrar muito. Te amo muito, Lô, obrigada pela nossa parceria, nossa amizade, nossa troca. **(Luísa Sonza)**

Não lembro onde a gente se conheceu. Acho que foi em algum rolê porque a Lô é rolezeira, viu? Acho que o momento marcante entre a gente foi quando ela foi pela primeira vez na edição da "Farofa" e comentou sobre as questões de acessibilidade da festa e de como ela se sentiu confortável. A Pequena Lô tem uma importância muito grande como influencer, de passar esse recado para as pessoas. Você tá no meu coração e na minha vida. **(Gkay)**

A gente se encontra em todo rolê. A Lô está sempre grifada, ela tá sempre maravilhosa e riquíssima. Ela representa força e resistência, muito bom humor e uma representatividade que você olha para a Pequena Lô e você se encanta, você vê muita coisa positiva nela. Pequena Lô, você sabe que eu te amo. **(Boca Rosa)**

Conseguir essa unanimidade na internet, de todo mundo gostar de você – e ser uma coisa real, não uma coisa fake –, isso é incrível.

Chore, chore muito. Como uma garota. Uma garota feliz.

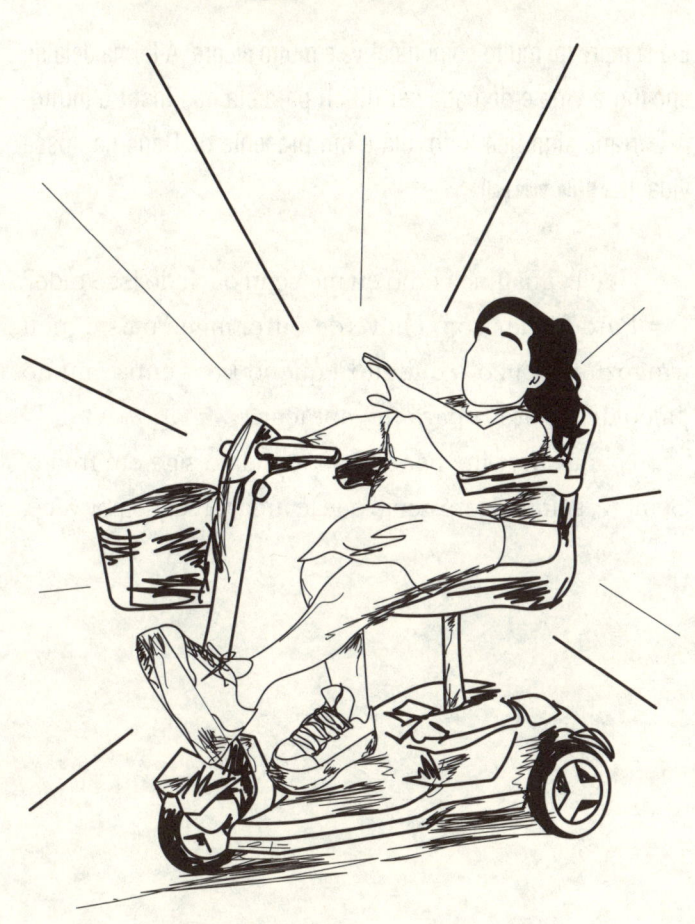

Ela é incrível, você precisa conhecer a Lô porque ela é uma das pessoas com melhor energia e transmite isso. **(Carlinhos Maia)**

Além de termos uma conexão de mãe e filha, nós somos muito amigas. Sempre foi assim, desde o nascimento de Lorrane a gente foi muito ligada. Tenho muito orgulho da minha filha, ela só nos deu orgulho. **(Dona Rose, minha mãe)**

Ela sempre foi muito comunicativa e muito alegre. A forma dela de encarar a vida e de nada ser difícil para ela nos inspira muito. A Lorrane significa tudo, ela é um presente de Deus na nossa vida. **(Seu Hélio, meu pai)**

Gente, imagina como eu me senti ouvindo isso tudo?

Para fechar com chave de ouro, meus pais e meu irmãozinho Enzo – o meu Pequeno Lô – entraram no palco de surpresa para me abraçar.

Na dúvida, olhe para a sua torcida e siga em frente. Sempre, sempre, terá gente que te ama torcendo por você.

37.
E agora?

Este livro não termina aqui. A vida continua. A vida fora do story, a vida real, de carne e osso e que acontece todos os dias. O meu desejo é que as minhas histórias tenham te inspirado a contar a sua própria história, a encontrar a graça onde tudo parecia não fazer sentido.

Sim, eu sei, estamos todos exaustos. É tanta coisa acontecendo ao mesmo tempo que em alguns momentos fica difícil encontrar graça no dia a dia. Mas essa graça que você tanto procura está logo ali, na sua frente, onde você sequer imaginava que ela poderia estar.

O segredo? É olhar, mas olhar para ver de verdade porque, no fundo, o mais simples dos acontecimentos pode nos revelar as melhores e inesquecíveis histórias.

A vida está no agora, no momento presente. No encontro com os amigos, no almoço de família, no trabalho que você conquista, no sonho que você realiza.

O story? Esse pode esperar! Mas posta e marca a hashtag do livro #escolhoserfeliz porque eu quero ver o que você anda fazendo para encontrar a graça e o riso na sua vida e, claro, quero rir junto com você.

Não tenha medo de escrever a sua própria história. Na dúvida? Escolha ser feliz.

Agradecimentos

Quando decidi escrever este livro, eu ainda era criança e mal sabia tudo o que tinha por vir. Hoje, olhando para trás, vi que valeu a pena. Cheguei lá!

    Nessa jornada doida que é a vida, eu sempre falei da importância da família e dos amigos para mim. Afinal, sem eles eu não teria chegado até esse momento. Algumas pessoas foram fundamentais nesse processo e aqui quero agradecer algumas delas.

    Não poderia começar esses agradecimentos senão pela minha amada mãe, meu porto seguro e fonte inesgotável de amor e inspiração, que nem por um momento duvidou de mim e de tudo o que podíamos alcançar juntas. Te amo infinitamente.

    Ao meu pai, que, com toda a sua sabedoria, humor e apoio incondicional, sempre me guiou pelo caminho de alegria, e que me presenteou com a minha versão masculina – meu irmão, com quem aprendo tanto todos os dias. Mesmo que tentasse, eu não conseguiria te agradecer apenas nessa vida por tudo.

    Aos meus avós maternos e paternos, o carinho e a sabedoria de vocês me envolvem em um abraço caloroso cheio de bondade, mesmo que à distância, e são a minha força para continuar.

Não poderia esquecer do meu primo Leone, responsável por colocar a pulguinha atrás da minha orelha e não desistir até que eu tivesse criado meu canal no YouTube. Você é parte disso!

José Humberto, meu melhor amigo, que me ajudou muito no início da minha carreira e é meu ponto de refúgio sempre que preciso de amparo e, óbvio, dividir minhas alegrias. Sem você essa jornada não seria a mesma.

Cida e Morganna, as melhores de Uberaba! Só a gente sabe o que viveu e aí se aquelas ruas falassem... Obrigada por tudo, hoje sou quem sou porque lá atrás vocês me mostraram que era possível.

Enfim, a família e rede de amigos é grande demais, e se fosse para citar um por um, já daria um novo livro. Por isso, aos demais que não mencionei aqui, vocês seguem no meu coração. Hoje e sempre.

Com todo o meu carinho e gratidão,

Pequena Lô.

Editora Planeta
Brasil | **20 ANOS**

Acreditamos nos livros

Este livro foi composto em Montserrat e impresso pela
Gráfica Santa Marta para a Editora Planeta do Brasil em agosto de 2023.